깨어진 그릇

깨어진 그릇

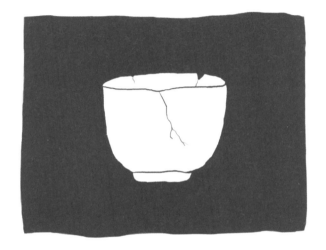

김태훈 지음

규장

주님이 가장 아끼시는 그릇

중국에서는 귀한 손님이 오면 그 집에서 가장 오래된 그릇과 찻잔으로 대접한다고 합니다. 여기저기 실금이 가고 이가 나간, 우리 기준으로 보면 버려야 맞는 그릇들입니다. 그러나 주인이 가장 사랑하는, 자랑하고 싶고 보여주고 싶은 보물이지요.

김태훈 선교사는 주님이 아끼시는 그릇입니다. 그는 젊은 날에 촉망되는 미래를 내려놓고 기꺼이 주님 손에 자신을 드려 아프리카로 떠났습니다. 그곳에서 온갖 사연들 속에 육신이 쇠잔하고 영혼이 곤고한 날들을 경험했지요. 하지만 오히려 주님이 가장 아끼시는 '깨어진 그릇'이 되었습니다. 금이 가고 이가 나가는 시간을 통해 주님이 자랑하고 싶은 종이 되었습니다.

억지로 쓰지 않고 그저 본 걸 증언하듯 솔직히 써 내려간 그의 글을 읽으며 눈시울이 자주 붉어졌습니다. 깨어진 옥합에서 향내가 나듯, 깨어진 그릇을 통해 자신을 나타내시는 주님을 봅니다. 아무쪼록 이 글을 읽는 모든 이에게 깨어진 그릇 같은 인생을 붙드시는 주님을 만나는 은혜가 있기를 축복합니다.

박보영 인천방주교회 원로목사

어떤 질병도 막지 못할 부르심

김태훈 선교사의 소명과 헌신을 책으로 읽게 된 건 축복입니다. 의과대학 재학 시절 복음을 깊이 깨닫고 성령을 체험하고 하나님의 부르심에 귀 기울이며 지금까지 걸어온 그의 여정은 하나님의 살아계심과 복음의 능력을 충분히 증거합니다. 그는 단지 의료선교사로서가 아니라 온전한 복음사역자로 자신을 하나님께 드립니다. 그리고 육체의 질병으로 깨어진 그릇일지라도 하나님께 드려지면 얼마나 귀하게 쓰임 받는지를 보여줍니다.

그가 온누리교회 성도의 자녀로 자라 선교사로 헌신한 것이 교회의 선교적 비전의 열매이기에 더욱 자랑스럽습니다. 김태훈 선교사의 삶과 가정 그리고 사역의 여정을 책으로 엮어내게 된 것을 모든 성도와 함께 축하드립니다.

어떤 질병도 하나님의 부르심을 막지 못함을 보여주셨던 사도 바울과 하용조 목사님처럼 김 선교사님도 더욱 귀히 쓰임 받기를 기도합니다. 또한 이 책이 많은 젊은이의 영적 심장이 되어 그들이 하나님나라의 복음 증거에 헌신하는 계기가 되기를 간절히 바라며 추천합니다.

이재훈 온누리교회 담임목사

살아계신 하나님의 말씀을 만나게 해주는 책

김태훈 선교사님을 처음 만난 날을 기억합니다. 학교 사무실 한켠 테이블에 앉아 지난 몇 년간의 이야기를 덤덤하게 나누던 그의 모습은, 묵직하게 선 뿌리 깊은 나무 한 그루를 연상케 했습니다.

또 그를 만난 강의실을 기억합니다. 짧지만 확실한 질문과 대답으로 학우들의 마음 깊은 곳을 두드리는 힘을 보았지요. 때로는 감당하기 어려워 보이는 피로에도 감사를 놓치지 않는 성숙함도 보았습니다.

김 선교사님의 책《깨어진 그릇》은 참 좋으신 하나님을 마음 한가득 담을 수 있게 합니다. 크고 작은 결정이 놓였던 삶의 굽이마다 항상 먼저 가서서 그를 기다리셨던 하나님과 그분의 살아계신 말씀을 만나게 해줍니다. 또 기꺼이 우리 안에 장막을 펴시며 흙으로 빚어진 우리를 때로는 바람으로, 그늘로, 불로 다듬어가시는 창조자 하나님을 기억하게 해줍니다. 그래서 참 좋은 글입니다.

마냥 기뻐할 수만은 없지만 그래도 감사할 수밖에 없는 그 길을 함께 걷자고 말씀하시는 선교사님의 초청이 여기 있습니다! 하나님만을 참 소망이자 생명으로 고백하며 '일심'과 '전심'으로 따르길 원하는 이들에게 이 귀한 책을 마음 다해 추천합니다.

조은아 고든콘웰신학교 선교학 교수, 고든콘웰 인스티튜트 학장

하나님께서 쓰시기 편한 그릇이 되길!

주님, 나에게 단 하나의 소원이 있습니다.
나는 오직 그 하나만 구하겠습니다.
그것은 한평생 주님의 집에 살면서
주님의 자비로우신 모습을 보는 것과,
성전에서 주님과 의논하면서
살아가는 것입니다.

시 27:4

일러두기 성구 인용은 개역개정과 새번역을 사용함

나의 묘비에
새겨주세요

원래 세상에 길은 없었을 것이다. 많은 이가 여러 이유로 선택하여 걸어간 자리가 길이 되고, 더 많은 이가 그 길 위에 서며, 그들이 바라보는 자리(position)로 이동하기 위한 수단으로 사용된다. 또 사람들이 선택한 길이 그들이 향하고 도착할 목적지를 바꾸는 계기가 되기도 한다.

그래서 오늘 내가 선택한 길이 또 다른 이들의 선택에 영향을 주고, 우리가 바라고 소망하며 다다를 목적지로의 안내 표지가 될 수도 있다. 그런데 실상 우리도 우리가 걸을 길을 잘 모른다. 단지 누구를 따라가야 하는가 혹은 누구와 동행해야 하는가만 알 뿐이다.

2003년 가을, 여자친구(지금의 아내)에게 청혼할 준비를 했다. 좀 특별한 장소에서 하고 싶어서 단풍과 낙엽이 있는 광릉 국립수목원으로 결정했다. 그런데 외과 레지던트 3년 차였던 내가 주중에만 개장하고 그마저도 온라인 사전 예약을 해야만 갈 수 있는 그곳에 갈 방법이 묘연했다.

다행히 근무하던 서울대학교병원 개원 기념일이 10월 15일이어서 쉴 수 있었다. 그날로 예약하고 여자친구와 함께 수목원에 갔다. 아쉽게도 사전답사를 하지 못한 터라 프러포즈를 하기에 안성맞춤인 장소를 미리 점찍어 두지는 못했다.

난감한 상황에서 여자친구와 수목원을 이리저리 걸어 다니기만 했다. 바로 며칠 전에 비가 내려 단풍이 많이 떨어져서 생각보다 프러포즈에 적당한 장소를 발견하기가 어려웠다. 결국 한참을 걷다가 별로 특별해 보이지 않는 장소에서 그녀에게 말을 건넸다.

"지금 우리가 함께 걷고 있는 이 길을 너와 평생 같이 걷고 싶어."

그리고 3개월 후에 우리는 결혼식을 올렸다. 나중에 안 사실이지만, 그녀는 내가 프러포즈를 하기 전에 눈치챘다고 한다. 이후 지금까지 흔쾌히 신실하게 이 길을 함께 걷고 있는 아내에게 늘 사랑과 우정을 배운다.

김태훈의 묘비

그는 마침내 육체의 불편을 벗고 여기 잠들었습니다.
그의 불편은 그가 사랑한 주님을 따르기를 원하는
그의 마음을 막을 수 없었습니다. 이제 또 다른 이들이
그가 간 그 길을 따라가고 있습니다.

위 글귀는 풀러신학교에 다닐 때, 한 강의 중에 과제로 작성한 문구다. 나는 오래 걷기를 즐기던 사람은 아니지만 몸이 불편해진 지금은 비교적 장시간 걸을 수 있던 때가 그립다.

마음을 같이하는 사람과 같은 목적지를 꿈꾸고 바라보며 동행하는 일은 행복과 용기를 준다. 2천 년 전 그리고 지금도 "나를 따르라"라고 초청하시는 예수께 응답한 결정이 여태껏 내가 한 최고의 결정이었다.

육체적 한계 때문에 오랜 동행에 초청할 수는 없지만 인생길을 정하는 이들에게 하나님께서 내게 허락하신 길을 나누고 초청하고자 이 책을 쓴다. 나는 이 일을 평생 하고 싶고, 더 많은 사람과 함께하고 싶기 때문이다.

"저와 함께 이 길을 걷지 않겠습니까?"

복 있는 사람은 악인들의 꾀를 따르지 아니하며

죄인들의 길에 서지 아니하며

오만한 자들의 자리에 앉지 아니하고

오직 여호와의 율법을 즐거워하여

그의 율법을 주야로 묵상하는도다

그는 시냇가에 심은 나무가 철을 따라 열매를 맺으며

그 잎사귀가 마르지 아니함 같으니

그가 하는 모든 일이 다 형통하리로다

시 1:1-3

사랑과 이해의 동역자 아내와, 에티오피아, 2016년 12월

차례

쏟아지는 소나기 속에
찾아오신 하나님

"나, 파킨슨병이래."

2014년 가을, 아프리카로 간 지 1년 3개월이 되었을 때였다. 쉽지 않은 정착기를 지나 어느 정도 안정이 되어 본격적으로 일할 수 있는 시기라고 여길 즈음이었다.

*

아프리카 도착 후 3개월 만에 극심한 말라리아에 걸려 상당히 긴 시간을 병상에서 지냈다(에티오피아의 수도 아디스아바바는 해발 2,300미터가 넘는 고산 지역이라 말라리아가 없지만 매달 출장을 다니던 남수단에는 창궐했다).

말라리아는 원충이 몸의 적혈구를 파괴하기 때문에 병이 나은 후에도 심한 빈혈 등 각종 후유증이 따랐다. 그래서 꽤 오랫동안 소진된 기초 체력을 회복해야 하는 질병이었다.

나는 고열 때문에 온몸을 심하게 떨 수밖에 없었다. 그런데 회복이 되어 정상으로 돌아온 후에도 손에 약한 떨림 증상이 남아있었다. 특히 왼손이 더 두드러졌다.

말라리아 후유증 정도로 여기며 지냈다. 그런데 걷거나 체중이 다리 쪽으로 실릴 때마다 오른발 발등에 통증이 느껴졌다. 점점 심해져 오른발에 체중을 실어 딛기가 힘들 정도까지 되었다.

그래서 추석 연휴와 주말을 끼고 열흘가량 한국에 가서 진단과 치료를 받기로 했다. 내원하여 친구이자 재활의학과 교수인 병모에게 몸 상태를 보여주고 조언을 구했다. 그는 내 왼손의 떨림이 정지 시에도 나타나는 걸 보고 신경과 진료를 받는 게 좋겠다고 말했다.

신경과 진료와 검사를 받은 후에 파킨슨병(도파민 신경세포의 소실로 발생하는 신경계의 퇴행성 질환)이라는 진단을 받았다. 오른쪽 뇌에 병변이 좀 더 진행된 상황에서 몸의 왼쪽이 영향을 받아 오른발에 부하가 걸리면서 아팠던 것이다.

곧 마흔 생일을 맞을 즈음이었다. 나는 왼손잡이 외과의사였다. 소아 간 이식 수술을 하던 외과의인 내게는 너무나 절망적인 선고였다. 먼저 아내에게 전화를 했다.

"자기야, 나 파킨슨병이래."
"응? 파킨슨? 그럼 앞으로 어떻게 되는 거야?"
"어… 몸이 서서히 굳어가는 병이야…."
"치료는 되는 거지?"
"아직은 치료가 안 되는 병인 것 같아…."

나중에 안 사실이지만, 그날 학교에서 전화를 받은 아내는 거의 실신할 지경이 되어 동료의 부축을 받아 간신히 집에 돌아왔다고 한다.

처음에는 나도 기도조차 할 수 없었다. 눈물도 나지 않다가 점점 눈물이 늘었다. 하지만 뭔가 하나님의 뜻이 있을 거라는 마음을 놓은 적은 없었다.

어느 새벽, 운동 겸 산책과 기도를 하기 위해 인근 공원에 갔다. 혼자 산책하는데 갑자기 세찬 소나기가 쏟아졌다. 주변 사람들과 함께 서둘러 공원을 빠져나가려다가 나무가 우거진 곳 아래로 몸을 피했다.

비가 제법 내렸지만 거의 비를 맞지 않고 서있을 수 있었다. 잠시 후에 마음에서 음성이 들려왔다. 주님이셨다.

'비가 온다고 집으로 돌아가지 않아도 돼.'

처음에는 무슨 뜻인지 몰랐다. 그런데 이내 눈물이 흐르기 시작했다.

'그래, 지금 나는 소나기 속에 있는 거구나. 집으로 돌아가지 않아도 되는구나.'

아무도 보지 않는 그 나무 아래에서 내 인생을 해석해주시는 하나님을 만났다. 한 10분쯤 지났을까. 신기하게도 빗줄기가 잦아들더니 그쳤다. 나무들 아래에서 나와 다시 걷기 시작했다. 공기는 전보다 신선했고, 공원에는 아무도 없었다. 정말 자유롭고 신나게 그 아침의 축복을 다 누리고 집으로 돌아왔다.

하나님께 왜 이런 병을 허락하셨는지 여러 번 여쭈었지만 답을 주시지 않았다. 단지 내가 에티오피아로 돌아가기를 원하신다는 것과 가던 발걸음을 돌이키지 말고 계속 가라는 마음만 주셨다.

병원 외래진료가 있는 날이었다. 동행한 어머니가 담당 신경과 교수님에게 물었다.

"선생님, 우리 아들이 한국에 돌아와서 치료받아야 하지요?"
"글쎄요, 이 병은 약을 복용하는 것 외에는 별다른 치료 방법이 없어서 그곳이나 한국이나 별 차이가 없을 것 같습니다만···."

나는 이 말을 또 한 번의 확인 응답(confirmation answer)으로 받았다. 거의 같은 시기에 에티오피아에 있는 아내도 기도 가운데 응답을 받았다. 아이들을 재우고 밤마다 하나님 앞에 나아가던 어느 날, 설명할 수 없는 평안과 함께 모든 불안과 걱정이 사라졌다고 한다.

그 평안의 정체가 무엇인지 여쭙자 주님이 환상을 보여주셨다. 아내는 예수님의 품에 안겨 어디론가 가고 있었다고 한다. 어디로 가는지 보고 싶어 품에서 아래를 보니 예수님이 걸어가시는 그 길에 가시와 불덩이와 못과 돌들이 잔뜩 깔려 있었다.

예수님의 발에서는 피가 흐르고 있는데, 정작 자신은 너무나 행복한 얼굴로 예수님의 품에 안겨있는 모습을 보았다. 그러면서 마음에 확신이 들었다고 했다.

'아, 이 길을 가는 건 내가 아니라 주님이시구나. 나는 그분의 품에 안겨서 가는 거구나. 그 임재 안에 있는 복을 누리는 거구나.'

주님이 나의 빛, 나의 구원이신데,
내가 누구를 두려워하랴?
주님이 내 생명의 피난처이신데,
내가 누구를 무서워하랴?

시 27:1

더 이상 절망과 슬픔의 눈물이 흐르지 않았다. 여전히 병과 함께였지만 주저하거나 흔들리지 않았다. 주님의 음성을 들었기 때문이었다.

신앙이 우리가 마주한 인생의 문제를 해석하는 힘을 주었다. 세상이 무너져 내리는 듯한 인생의 위기를 한때 지나가는 소나기에 불과한 것으로 여기며 가던 길을 계속 가기로 결정했다. 그리고 그즈음 시편 16편을 보았다.

하나님, 나를 지켜주십시오.
내가 주님께로 피합니다.
나더러 주님에 대해 말하라면
'하나님은 나의 주님,

주님을 떠나서는 내게 행복이 없다' 하겠습니다.

시 16:1,2

그렇다. 나는 그저 주님께 피했다. '주님만이 내 인생의 피난
처'라고 고백하며 그분 앞에서 울었던 것밖에 없다.

아, 주님, 주님이야말로
내가 받을 유산의 몫입니다.
주님께서는 나에게 필요한
모든 복을 내려주십니다.
나의 미래는 주님이 책임지십니다.

시 16:5

이 세상에서 내 분깃은 주님이시며, 내 미래도 그분이 책임져
주신다고 하셨다.

에티오피아를 떠난 지 정확히 50일 만에 다시 아디스아바바
볼레국제공항에 착륙하는 순간, 나는 기쁨과 감사의 뜨거운
눈물을 흘렸다. 그 땅이 너무나 사랑스러워 보였다.

하나님께서 나와 내 가족에게 주신 땅이라는 생각이 들어 감사했다.

줄로 재어서 나에게 주신 그 땅은 기름진 곳입니다.
참으로 나는, 빛나는 유산을 물려받았습니다.
시 16:6

주님이 함께해주시고 동행하신다고 하셨다. 주님의 임재와 동행의 약속이다. 예수님을 구주로 믿는 우리가 받을 수 있는 최고의 복을 나도 받았다.

주님은 언제나 나와 함께 계시는 분,
그가 나의 오른쪽에 계시니, 나는 흔들리지 않는다.
주님, 참 감사합니다.
이 마음은 기쁨으로 가득 차고,
이 몸도 아무 해를 두려워하지 않는 까닭은,
주님께서 나를 보호하셔서 죽음의 세력이
나의 생명을 삼키지 못하게 하실 것이며
주님의 거룩한 자를 죽음의 세계에
버리지 않으실 것이기 때문입니다.

주님께서 몸소 생명의 길을 나에게 보여주시니,

주님을 모시고 사는 삶에 기쁨이 넘칩니다.

주님께서 내 오른쪽에 계시니,

이 큰 즐거움이 영원토록 이어질 것입니다.

시 16:8–11

집에 돌아와서 아내와 세 아들을 힘껏 안았다. 이곳에서 모두 함께하는 것만으로 세상을 다 얻은 듯 기뻤다.

'주님, 이곳에 불러주셔서 감사드립니다. 저를 다시 한번 불러주셔서요.'

The *vessel molded* ⋯
from *dust* *to* *clay*

1

빚어진 그릇

한 번의 예배를 위해
평생을 살다

왜 사는가?

나는 온누리교회 대학부에서 예배를 배웠다. 지금도 정말 감사하다. 교회를 세우신 하용조 목사님은 그 분의 삶을 태워 내게 하나님의 꿈을 불어넣어 주셨다.

1990년대 초반, 교회에서 열린 성령 집회에서 나는 유대인인 키이스 인트레이터(Keith Intrater) 목사님의 말씀을 통해 성령 세례를 받았다. 당시 대학부 담당 교역자였던 박종길, 박인용 목사님에게서 너무나 소중한 영적 지도를 받았고, 많은 대학부 선배가 날 위해 기도해주고 말씀을 가르쳐주었다. 이들과 눈물을 뿌리며 무릎과 마음을 주님께 드렸던 내 이십대는 후회 없는 삶이었다.

누가복음 2장에 짤막하게 언급된 시므온 할아버지와 안나 할머니는 평생 예배와 기도로 살았다. 세상에서 보면 평범하고 보잘것없었지만 하나님나라의 진정한 영웅들이다.

그런데 마침 예루살렘에 시므온이라는 사람이 있었는데,
그 사람은 의롭고 경건한 사람이므로,
이스라엘이 받을 위로를 기다리고 있었고,
또 성령이 그에게 임하여 계셨다.
그는 주님께서 세우신 그리스도를 보기 전에는
죽지 아니할 것이라는 성령의 지시를 받은 사람이었다.
그가 성령의 인도로 성전에 들어갔을 때에,
마침 아기의 부모가 율법이 정한 대로 행하고자 하여,
아기 예수를 데리고 들어왔다.
눅 2:25–27

세 구절에 연이어 '성령'에 대한 언급이 나온다. 시므온은 성령님이 임하여 계셨던 사람, 성령님의 지시를 받은 사람, 그리고 성령님의 인도로 성전에 들어가 예수님을 만나는 사람이었다.

그는 하나님의 구원을 갈망하고 기다리며 의롭고 경건한 삶을 살았는데, 성령님은 그가 메시아 그리스도를 만나는 게 그의 인생 소명이며 완성이라고 계시해주셨다. 그의 평생의 삶이 예수 그리스도를 만나는 한 순간으로 귀결되는 셈이다.

이는 시므온에게만 해당하는 내용이 아닐 것이다. 우리는 왜 사는가? 내 인생의 가장 큰 귀결은 무언가? 평생 성실하게 열심히 살아서 과연 무엇을 얻을 것인가?

인생의 목표가 바뀌다

남들보다 조금 더 편하고, 조금 더 유명하게 사는 걸 인생의 목표로 삼았던 때가 있었다. 그걸 향해 정말 많이 노력했고, 서울과학고등학교를 전교 3등으로 졸업한 후에 서울대학교 의학과에 진학했다.

예배를 통해 하나님을 만나기 전, 인생의 목표는 탁월함을 전제로 한 자아실현이었다. 그런데 문제는 '자아가 무엇인가'였다. 내 자아를 찬찬히 들여다보니 경쟁에서 질까 두려워하는 마음과 나에 대한 사랑만 가득했다.

남들이 날 알아보고 날 위해 살아주기만을 원했다. 이것이 사랑과 인정에 대한 목마름과 거절과 패배에 대한 두려움으로 드러났다.

(아내가 대학 1학년 때 교회 대학부에서 나를 처음 봤을 때는 그다지 겸손하게 보이지 않아 별로 좋아하지 않았다고 한다. 이후 아내는 대학부에서 사라졌다가 9년 만에 나와 재회했는데, 내가 완전히 다른 사람으로 변해있어서 놀랐다고 한다.)

그런 내게 대학부 선배들이 '다른 가치'를 보여주었다. 그들은 따뜻한 마음으로 나를 환영하며 받아주었다. 나보다 이기심이 훨씬 적어 보였고, 앞다투어 내게 잘해주면서도 겸손하고 온유했다. 고등부 때 다니던 다른 교회 친구들과는 달라 보였다. 나는 그들을 보며 생각했다.

'대체 이게 뭐지? 저들도 나 못지않게 공부를 잘하는 것 같은데 잘난 척하지 않으면서도 뭔가 당당함이 있네.'

더 큰 충격을 받은 건 예배였다. 대학 신입생이던 1993년, 대학부에는 약 50-80명이 모였다. 그런데 절반이 넘는 지체들이 10-20분 넘게 손을 들고 찬양하거나 춤을 추거나 엎드려 무릎을 꿇고 예배를 드렸다.

'아니, 이 광적인 분위기는 또 뭐지?'

평균 찬양과 기도 시간만 40-50분, 설교가 거의 1시간(당시 대학부 담당 교역자는 유진소 목사님과 박종길 전도사님이었다), 이후 조별 성경공부 1시간, 광고, 새 친구 환영, 생일 축하 등 이 이어졌다. 오후 2시에 시작한 예배와 모임이 다 끝나면 저녁 식사를 하러 가야 할 정도였다.

예수님 앞에 서는 그날을 위해

1학년 가을 학기 시작 즈음이었다. 예배 중에 하나님의 사랑이 내 안에 물밀듯 밀려와 눈물이 주체할 수 없이 흘러내렸다. 하나님께서 말씀하셨다.

'내가 너를 사랑한다. 내가 너를 존귀하고 자랑스럽게 여기며 기뻐한다.'

하나님은 내 죄를 용서하시고 아무 조건 없이 용납하시며, 그분을 "아버지"라고 부를 수 있게 해주셨다. 내 안에 말할 수 없는 자유와 평안, 기쁨이 충만했다. 그때부터 하나님을 알고 싶은 욕망이 점점 커졌고, 각종 성경공부 모임에 들어가 배우기 시작했다. 여전히 대학부 막내였지만 동기들에게 기도회를 제안했고, 성경공부 모임도 만들었다.

"얘들아, 요한복음 성경공부 모임을 하려고 해."
"그래? 모임 인도자는 누구야? 어떤 선배가 도와주신대?"
"어… 그냥 우리 기수끼리 하려고. 모임 인도는 내가 해볼까 해. 성령님에게 의지하고 기도하며 묵상한 내용을 같이 나누면 될 것 같아."

그러나 곧 모임을 제안하고 인도자가 된 걸 후회했다. 매주 성경공부 전날이면 공부 시간에 다룰 성경 말씀을 묵상하고 또 묵상하며 장시간 말씀에 매달려야만 했기 때문이다. 하지만 매번 성령께서 내가 미처 몰랐던 말씀을 깨닫게 해주시거나 특정 구절을 콕 찍어 마음에 새겨주시는 놀라운 은혜를 계속 경험했다.

예수께서 그들에게 말씀하셨다.

"그러므로, 하늘나라를 위하여 훈련을 받은

율법학자는 누구나, 자기 곳간에서

새것과 낡은 것을 꺼내는 집주인과 같다."

마 13:52

하나님을 아는 기쁨이 커짐과 동시에 내게 일어난 중요한 일은, 가치관의 변화였다. 경쟁과 비교 대상이던 친구와 동료가 더는 그렇게 느껴지지 않았다. 또 '겸손'이 하나님의 성품임을 알았고, 유치환 시인의 시구, "사랑하는 것은 사랑을 받느니보다 행복하나니라"처럼 '사랑'과 '섬김'이 내 삶의 이유이자 행복임을 깊이 깨달았다.

나는 모든 일에서 여러분에게 본을 보였습니다.

이렇게 힘써 일해서

약한 사람을 도와주는 것이 마땅합니다.

그리고 주 예수께서 친히

'주는 것이 받는 것보다 더 복이 있다' 하신 말씀을

반드시 명심해야 합니다.

행 20:35

성령님과 동행하며 인도함을 받고 살다가 그분의 감동하심과 이끄심으로 마지막 예배를 예수님에게 드렸던 시므온 할아버지, 평생 섬김과 기도로 살다가 마지막 순간에 예수님을 만나 하나님의 구원을 증거함으로 일생일대의 예배를 주님께 드렸던 안나 할머니가 떠올랐다.

이들처럼 나도 예수님을 만나 그분께 드릴 한 번의 예배를 위한 리허설(rehearsal)로 평생 예배자로 살기를 소망했다. 예수님 앞에 서는 그날을 위해 평생을 살고 또 그렇게 잠들기를….

아버지께서 우리에게 얼마나 큰 사랑을
베푸셨는지를 생각해보십시오.
하나님께서 우리를 자기의 자녀라 일컬어주셨으니
우리는 하나님의 자녀입니다.
세상이 우리를 알지 못하는 까닭은
하나님을 알지 못하기 때문입니다.
사랑하는 여러분,
이제 우리는 하나님의 자녀입니다.
앞으로 우리가 어떻게 될지는

아직 밝혀지지 않았습니다만,

그리스도께서 나타나시면,

우리도 그와 같이 될 것임을 압니다.

그때에 우리가 그를 참모습대로

뵙게 될 것이기 때문입니다.

그에게 이런 소망을 두는 사람은 누구나,

그가 깨끗하신 것과 같이 자기를 깨끗하게 합니다.

요일 3:1–3

이 글을 쓰는 지금, 간암을 이겨내고 아프리카 부룬디에서 한센인을 위한 사역과 교회 개척 사역을 하시는, 사랑하고 존경하는 한 선교사님의 고백이 내 눈시울을 적셨던 때가 생각난다.

"주님, 저는 주님께서 쓰시는 더러운 걸레가 되고 싶습니다."

자신이 깨끗하기보다는 세상을 깨끗하게 만드시는 하나님의 도구로 자신을 드려 쓰일 수만 있다면 걸레라도 좋다던 그 마음을 닮고 싶다.

The vessel alive …
breathing into clay

2

생기가
불어넣어진 그릇

숨결로 드린
예배와 고백들

찬양을 통한 자유와 기쁨

의예과 2학년이던 1994년 여름, 대학부 박종길 목사님의 권유로 예배 팀에 들어갔다. 열정을 가지고 하나님 보좌 앞으로 달려나가고 싶은 마음만 가득했는데, 그 마음을 아셨는지 목사님과 당시 예배 인도자였던 선배가 내게 예배 인도를 맡겨주었다.

사실 음악적 재능이 별로 없어서 내가 예배 인도를 하게 될거라곤 생각해본 적 없었다. 게다가 사람들 앞에서 노래 부르는 것도 익숙하지 않은데 나보다 신앙이 좋아 보이는 선배들 앞에서 하려니 더 부담스러웠다.

그래서 혹 찬양을 부르다 음정이나 박자가 틀리면 주눅이 들곤 했다. 사람을 두려워하지 않고 하나님만 바라보며 예배

드리기를 원했지만 마음처럼 되지 않았다.

당시 엄청난 영적 부흥기였던 대학부는 새로 들어온 지체들의 적응을 위해 친교와 예배를 목적으로 주말에 1박 2일 동안 소규모 수련회인 펠로우십 캠프를 가졌다.

캠프의 하이라이트인 토요일 저녁 집회를 준비하던 때였다. 찬양 시간을 위한 준비 기도 모임을 인도하는데 갑자기 엘리사를 둘러싸고 지키던 하나님의 불병거와 불말이 떠올랐다. 성경을 찾아보니 다음 구절이 눈에 들어왔다.

엘리사가 말하였다.
"두려워하지 말아라!
그들의 편에 있는 사람보다는
우리의 편에 있는 사람이 더 많다."
왕하 6:16

이 말씀을 붙들고 크게 부르짖으며 기도했다. 온몸에 전율과 함께 마음에 큰 담대함이 생기는 걸 느꼈다. 무대에 올라가서 찬양을 인도하는데 많은 이들 앞이었음에도 자유함이 느

껴졌다. 처음 있는 일이었다. 그날 밤, 나는 마음껏 하나님의
사랑과 능력을 선포하며 기쁨으로 뛰며 찬양했다.

예배가 끝난 후에도 밤이 새도록 내 입에서 찬양이 떠나지 않
았고, 마음에 흘러넘치는 기쁨이 나를 압도했다. 그날 이후
로 예전과 전혀 다르게 예배 인도를 할 수 있었다. 비록 그 기
쁨이 오래 지속되지 못하고 사라졌지만, 그날의 강렬한 임재
는 잊지 못할 경험이었다.

주님께서 시온에서 잡혀간 포로를
시온으로 돌려보내실 때에,
우리는 꿈을 꾸는 사람들 같았다.
그때에 우리의 입은 웃음으로 가득 찼고,
우리의 혀는 찬양의 함성으로 가득 찼다.
그때에 다른 나라 백성들도 말하였다.
"주님께서 그들의 편이 되셔서 큰 일을 하셨다."
주님께서 우리 편이 되시어 큰 일을 하셨을 때에,
우리는 얼마나 기뻤던가!

시 126:1-3

주님이 함께하시면 갈 수 있습니다

예배를 통해 하나님의 임재를 경험하고 성령세례와 방언의 은사도 받았다. 그때부터 성경을 가르치기 시작했고, 1998년 대학부를 떠날 때까지 예배 팀의 리더 역할을 감당했다.

방학에는 국내 혹은 해외로 아웃리치(단기 선교)를 활발히 다녔다. 선교 팀 리더로 섬기며 일본 도쿄, 강원도 철원, 제주도, 러시아 하바롭스크, 태국 방콕을 다녀왔다.

1997년 1월, 겨울방학 아웃리치는 제주도로 갔다. 집회와 집회 사이에 예배 팀이 모여 연습 겸 찬양을 부를 때였다. 갑자기 상쾌하고 신선한 공기가 몸 안으로 훅 들어오는 게 느껴졌다. 곧 몸이 구름처럼 가벼워지며 뒤로 넘어갔다. 나는 그대로 성전 바닥에 누웠다.

몸이 구름 위에 떠있는 듯 가볍고 상쾌했다. 사람들은 내가 쓰러졌다고 생각하거나 하나님의 임재 가운데 들어갔다고 생각하는 듯했다. 어느 쪽이든 상관없이 내 주위에 둘러서서 손을 얹고 기도해주었다. 그때 주님의 음성이 들려왔다.

'내가 원하는 곳에 갈 수 있겠니?'
'네, 주님이 함께하시면 갈 수 있습니다.'

제주에서 돌아오자마자 나는 친구인 혁태와 3주간 인도로 배낭여행을 떠났다. 인도에서의 경험은 충격 그 자체였다. 힌 두교, 이슬람교, 시크교 등 우상 신들이 가득한 광활한 땅과 수많은 사람을 보며 마음이 무척 아팠다. 하나님을 모른 채 살아가는 그 영혼들을 눈과 마음에 담고 돌아왔다.

그해 여름, 우리는 러시아 하바롭스크에 있었다. 전차, 길거 리, 강변 곳곳에서 찬양 행진을 하며 복음을 전했다. 너무 덥 기도 하고 계속되는 강행군으로 체력이 거의 바닥났지만 예 배와 찬양 시간만 되면 하나님의 임재 가운데 펄쩍펄쩍 뛰어 놀았다.

어느 저녁 집회 시간이었다. 깊은 찬양 속에서 하나님께 나 아가고 있을 때, 대학부 동기인 지형이가 하나님의 임재 안에 서 무용으로 예배를 드렸고, 우린 계속 찬양으로 그분을 높 여드렸다.

다시 찾아온 신선하고 상쾌한 바람 가운데 그 자리에 참석한 인원의 절반 정도가 뒤로 쓰러지기 시작했다. 익숙한 그 바람이었다. 그날 나는 찬양 인도를 했기에 뒤로 넘어가진 않았다. 대신 찬양을 부르며 사람들이 쓰러지는 모습을 즐겁게 바라보았다.

바람은 불고 싶은 대로 분다.
너는 그 소리는 듣지만,
어디에서 와서 어디로 가는지는 모른다.
성령으로 태어난 사람은 다 이와 같다.
요 3:8

제주 아웃리치 찬양 시간, 1997년

대학부 태국 방콕 아웃리치, 1998년

*The **vessel moves**···*
*riding the **wind** of the **Spirit***

3

바람을 탄 그릇

 마음을
드리다

일심과 전심

하나님은 사람의 마음을 보고 계신다. 우리에게 속지도 않으시고, 우리의 작은 결단과 헌신을 크게 보시며 복을 부어주신다. 시편 86편 11,12절에 이 마음에 대한 두 가지 표현이 나온다.

무릇 주는 위대하사 기이한 일들을 행하시오니

주만이 하나님이시니이다

여호와여 주의 도를 내게 가르치소서

내가 주의 진리에 행하오리니

일심으로 주의 이름을 경외하게 하소서

주 나의 하나님이여 내가 **전심**으로 주를 찬송하고

영원토록 주의 이름에 영광을 돌리오리니

시 86:10-12

Teach me your way, Lord,

that I may rely on your faithfulness;

give me an **undivided heart,**

that I may fear your name.

I will praise you, Lord my God,

with **all my heart;**

I will glorify your name forever.

시 86:11,12 NIV

바로 "일심"(undivided heart)과 "전심"(all my heart)이다. 남과 비교할 필요도 없고 절대적 크기가 중요하지도 않다. 전부냐 아니냐가 중요하다. 두 마음 혹은 마음의 일부로는 주님을 섬길 수 없다.

주님만이 나의 하나님이시다. 막달라 마리아는 그의 미래의 전부인 옥합을 깨뜨려 예수님의 머리에 남김없이 부었고, 과부는 연보궤에 그녀의 생활비 전부인 동전 두 개를 넣었다.

예수께서 베다니 나병 환자 시몬의 집에서

식사하실 때에 한 여자가 매우 값진 향유

곧 순전한 나드 한 옥합을 가지고 와서

그 옥합을 깨뜨려 예수의 머리에 부으니

어떤 사람들이 화를 내어 서로 말하되

어찌하여 이 향유를 허비하는가

이 향유를 삼백 데나리온 이상에 팔아

가난한 자들에게 줄 수 있었겠도다 하며

그 여자를 책망하는지라

예수께서 이르시되 가만두라

너희가 어찌하여 그를 괴롭게 하느냐

그가 내게 좋은 일을 하였느니라

막 14:3-6

또 어떤 가난한 과부가 두 렙돈 넣는 것을 보시고

이르시되 내가 참으로 너희에게 말하노니

이 가난한 과부가 다른 모든 사람보다 많이 넣었도다

저들은 그 풍족한 중에서 헌금을 넣었거니와

이 과부는 그 가난한 중에서 자기가 가지고 있는

생활비 전부를 넣었느니라 하시니라

눅 21:2-4

사명의 씨앗이 심기다

졸업 후 의사가 되기 전에 하나님께 1년이라는 시간을 드리고 싶다는 열망을 본과 3학년 중반부터 품었다. 한국 나이로 25세, 이십 대 한가운데를 드리고 싶었다. 내 작은 마음이었지만 하나님께 전부를 드릴 수 있음이 행복했다.

그래서 1998년 의대 본과 마지막 학년인 4학년을 앞두고 휴학을 결정했다. 이 시기에 휴학하는 의대생은 거의 없었다. 임상 실습이 연결되어 이루어지는 본과 3학년과 4학년 사이에 1년을 쉬는 일은 거의 전무후무했다.

휴학 이후 무엇을 할지 두 가지를 놓고 고민했다. 인도에 다시 가서 자원봉사를 하며 예수전도단(YWAM, 이하 예전단) DTS 훈련에 참여하는 것과 대학부 선배와 형님이 추천한 영국 런던의 익투스 크리스천 펠로우십(Ichthus Christian Fellowship)의 사역자 훈련 프로그램에 지원하는 거였다.

당시 IMF 외환위기가 닥쳤을 때라 외화 가치가 두 배 이상 올라 외국에 체류하는 비용 또한 그만큼 오른 상태였다. 하지만 내 결정은 변함없었고, 감사하게도 부모님이 허락해주셨다. 그런데 정작 상상하지 못했던 곳에서 난관에 부딪혔다. 휴학과 여권 발급 서류 처리를 위해 들른 의대 학생행정실의 한 직원이 내게 말했다.

"학생, 이 어려운 시기에 해외에 나간다는 게 말이 되나? 포기하게!"

그러면서 여권 발급을 막으려 했다. 이후 우여곡절 끝에 간신히 여권 발급과 비자 수속을 진행할 수 있었다.

나는 계획한 대로 먼저 인도 벵갈루루의 예전단 베이스캠프에 가서 자원봉사자로 약 2개월을 보냈다. 당시 우리 팀에는 의료인이 한 명도 없어서 본과 3학년을 갓 마친 의대생에 불과한 내게 사람들이 몰려와 투약과 필요한 치료에 대해 조언을 구했다. 하지만 내가 할 수 있는 건 거의 없었다.

하루는 어린 소녀가 가족의 도움을 받아서 왔는데, 한눈에 봐도 병색이 완연했다. 아이는 선천성 심장병을 앓고 있다며 우리에게 도움을 청했지만 어떤 치료도 해줄 수 없어 마음이 아팠다. 이를 계기로 인도를 떠나면서 의료선교를 통해 사람들을 돕는 일을 꿈꾸게 되었다.

예전단에서 지내며 DTS를 지원했는데 통과되어 자연스럽게 훈련을 받을 수 있었다. 하지만 영국의 사역자 훈련 프로그램에 미련이 남아 이미 프로그램이 시작된 시기였지만 혹시 참여할 수 있는지 문의 메일을 보냈다.

그러자 참여 기회가 주어진다는 보장은 없지만 면접 인터뷰 기회를 제공한다는 답이 왔다. 그땐 지금처럼 화상통화나 전화 인터뷰가 불가능했기에 면접을 보려면 직접 가야만 했다. 인터뷰에 통과된다는 보장도 없이 영국까지 간다는 건 쉽지 않은 결정이었다.

인도 예전단 베이스캠프의 한국인 선교사님들도 만류했다. 하지만 난 영국에 꼭 가야 할 것만 같았다. 결국 기도한 후에 벵갈루루에서 출발하여 뭄바이를 거쳐 런던으로 가는 여정에 올랐다.

바레인국제공항에서 비교적 긴 시간을 체류하며 경유해야 하는 항공편이었다. 그때 평생 처음으로 중동 지역에 내려 무슬림이 시간에 맞춰 엎드려 절하고 기도하는 모습을 볼 수 있었다. 그들과 중동 땅에 대해 생각하며 영국으로 향했다.

부흥의 열망

영국에 도착하여 며칠 후 면접 장소로 향했다. 나는 면접관들의 질문에 너무나 자연스럽게 영어로 대답했다. 지금 생각해도 신기한 것이 그날처럼 영어를 편안하게 말해본 적이 별로 없었다. 그들이 "그간 다녀간 한국 훈련생들의 영어 구사 능력이 많이 실망스러웠는데 너는 아무 문제가 없겠다"라고 웃으며 말할 정도였다.

면접에 합격한 후 훈련하면서는 영국 영어에 적응하느라 꽤 고생했지만 시간은 꿈처럼 흘렀다. 아침부터 성경 강의를 듣고 때마다 마음껏 기도하며 종일 성경을 연구했다. 매일 영국과 유럽 각국에서 온 놀라운 믿음의 형제자매와 교제하며 찬양 인도, 성경공부 인도, 노방 전도 등을 하며 보냈다.

하지만 IMF 외환위기로 1파운드에 1,300-1,400원이던 환율이 2,700-2,800원으로 올라 런던 물가가 상상을 초월할 정도로 높았다. 그래서 도보로 1시간 반 이내의 거리는 걸어 다니고, 일주일 중 하루는 금식하며 용돈을 아껴 신앙 서적과 설교 테이프를 사서 보고 들었다.

혼자 기도하며 거닐던 런던의 공원에서 터질 듯한 가슴으로 하나님께 찬양과 기도를 올려드렸던 기억은, 이후 내게 인생의 위기가 닥칠 때마다 나를 지탱하는 소중한 영적 자산이 되었다.

또 개인 멘토 목사님이 훈련 프로그램의 일부로 내게 소그룹 모임을 맡겨주셨는데, 구성원의 80퍼센트 이상이 아프리카의 섬나라 모리셔스의 이주민이었다. 당시는 상상하지도 못했던 아프리카인을 섬기는 일이 이미 시작된 거였다.

한번은 훈련 프로그램 가운데 알게 된 영국 친구의 인도로 런던 외곽에 있는 한 작은 교회를 방문했다. 그곳엔 5명 남짓의 할머니가 매주 기도 모임을 하고 있었다. 나는 한국에서 왔다고 말하고 그 자리에 참석했다. 그들은 수년째 매주 모여 하나님나라의 부흥을 위해 기도한다고 하며 말했다.

"지상에 이루어진 부흥 중 가장 최근에 일어난 평양 대부흥의 영적 유산을 지닌 한국 청년이 우리 교회에 오다니!"

그들은 매우 놀라워하며 내게 안수 기도를 부탁했다. 당황스러웠지만 그들의 기뻐하는 모습을 보며 기도하지 않을 수 없었다. 내 마음에도 부흥에 대한 강한 열망이 심긴 순간이었다.

The *vessel* …
in the *shade*

4

음지에서 건조된 그릇

비인기 진료과인
외과를 선택하다

복학 그리고 의대 졸업

영국에서의 훈련과 기도로 충만해져 돌아온 후에 이내 의대 본과 4학년의 학업 부담에 매몰되었다. 간간이 소그룹 성경 공부 모임을 인도했지만 대부분의 시간을 의사가 되기 위한 학업에 집중하며 마지막 학년을 보냈다.

한국은 6년(예과 2년, 본과 4년) 과정을 거쳐 의사 면허 시험을 치른다. 그리고 수련의(인턴)로 1년, 전공의(레지던트)로 3,4년(대개 4년)을 거쳐 각 진료과 전문의 시험을 통과하면 전문의가 된다.

93학번인 나는 1998년에 1년간 휴학한 후, 2000년에 의대를 졸업했다. 그해에 의사고시에 합격하고 수련의가 되고부터는 매달 다른 진료과를 순환 근무하며 기본 소양을 배우고, 각 진료과를 경험하며 전공으로 택할 진료과를 모색하기 시작했다.

그해 4월, 나는 외과의 6개 세부 분과 중 소아외과(Pediatric Surgery) 인턴을 하게 되었다. 소아외과는 신생아부터 청소년기까지 아이들의 모든 외과 질환을 치료하는 실로 광범위한 분야였다.

인기도로 보면 비인기 진료과인 외과 안에서도 가장 저조한 분야였다. 왜냐면 우리나라 출산율이 거의 세계 최저 수준인데다 소아외과의 주요 치료 질환인 선천성 기형을 출산 전 낙태를 통해 대부분 해결하기 때문이었다.

하지만 소아외과에서만 배우고 활용하는 흥미롭고 다양한 수술 방법을 접할 수 있었고, 어린아이들의 생명을 살리며 소중한 미래를 지켜주는 눈부시게 아름다운 분야임을 알았다(후에 나는 간담췌외과 분야에서 간 절제 및 간 이식을 세부 전공하고, 소아외과 세부 전공을 다시 수행하여 두 분야를 세부 전공한 외과 전문의가 되었다).

외과 전공의들은 외과 안에서 다양한 세부 전공 분야를 매달 돌아가며 근무했다. 대부분의 외과 선생님들이 음주를 좋아했지만 내가 근무할 때 함께 팀을 이루었던 이들은 유난히 더 즐겼다.

술을 전혀 마시지 않는 나는 많은 업무량과 거의 매일 저녁 이어지는 음주와 회식 자리로 쉽지 않은 시간을 보내야 했다. 그래서 외과를 떠나면서 생각했다.

'나는 외과의사가 되기는 어렵겠구나.'

그런데 그해 6월, 의약분업을 둘러싼 의료계의 요구가 받아들여지지 않자 의사들이 진료를 거부하고 거리로 나가는 초유의 상황이 벌어졌다. 불과 3개월 전에 의사가 된 나는, 인턴의로 눈코 뜰 새 없이 바쁘게 지내느라 문제의 본질이 뭔지도 모른 채 선배들과 거리로 나갔다.

얼마 지나지 않아 의사들 사이에도 의견이 나뉘었다. 나는 최소한의 필수 진료와 응급 진료는 이루어져야 한다고 주장하는 의사들과 병원으로 복귀했다. 그중 인턴의들은 대부분

응급실로 배치되었고, 나는 인턴 기간 중 1,2개월만 하는 응급실 근무를 4개월이나 했다.

외과의사가 되면 좋겠구나

의료 파업이 장기화되자 기독 의사들이 모여서 사흘간 금식 기도회를 가졌다. 당시 우리가 할 수 있는 가장 큰 일은 그 문제를 하나님 앞에 전심을 담아 올려드리는 거라고 믿으며 나아갔다.

모임이 끝나가던 셋째 날 아침 새벽기도 시간이었다. 내 진로와는 전혀 관련 없는 내용으로 기도하는데 하나님의 음성이 들려왔다

'네가 외과의사가 되면 좋겠구나.'

갑작스럽고 놀라운(늘 그렇듯) 음성이었다. 문득 이런 생각이 들었다.

'주님이시구나.'

외과 인턴을 하면서 정말 힘든 과라고 생각했기에 이건 내 생각이 아니었다. 물론 귀하고 중요한 일이지만 어렵고 힘든 길이어서 비인기 진료과인 외과의사가 되라는 건 주님의 음성일 가능성이 컸다. 나는 생각했다.

'주님의 말씀이면 내 삶에 이루어지겠구나.'

겨울이 되어 레지던트 지원 시기가 다가왔다. 나는 말씀에 순종하여 외과에 지원했다. 병원 복도를 지나다 소아외과에서 같은 팀으로 근무한 레지던트 선배를 우연히 만났다. 그가 내게 물었다.

"야, 오랜만이다. 외과 지원자 중에 '김태훈'이 있던데 네가 지원한 거니?"

나중에 들은 얘기지만, 선배는 나와 동명이인으로 생각했다고 한다. 4월에 외과 인턴을 돌 때 술도 마시지 않고 함께 즐기지도 않던 내가 좋은 졸업 성적을 받고도 일부러 인기 없고 고된 외과에 자원했으리라고 생각하기가 어려웠던 것이다.

곧 다가온 외과 입국식에 신입 레지던트의 통과 의례 같은 순서가 있었다. 전 의국원들 앞에서 트로피 모양의 잔에 맥주를 가득 담아 한 번에 들이킨 후(소위 '원샷'을 한 후), 잔을 머리 위에 뒤집어 다 마신 걸 보여주는 거였다.

그런데 때마침 맥주 색깔과 흡사한 빛깔의 '옐로우 콜라'라는 제품이 막 출시되었다(외과 입국 시기가 3월이었는데, 확인해보니 신기하게도 이 제품은 3월 14일에 출시되었다). 나는 외과 과장이었던 교수님을 찾아가 말했다.

"교수님, 죄송하지만 저는 종교적 신념으로 술을 마시지 않습니다. 하지만 외과의 오랜 전통인 트로피 세리머니에 빠지고 싶지는 않습니다. 교수님이 이해해주신다면 맥주와 흡사한 음료로 저도 참여하고 싶습니다."

다행히 교수님이 흔쾌히 허락해주어서 나는 옐로우 콜라 원샷과 함께 무사 입국할 수 있었다.

그 후 외과 레지던트로 4년, 한국 방글라데시 친선 병원에서 3년, 간 이식 세부 전공 과정 2년과 소아외과 세부 전공 과정

2년을 거쳤다. 병원에서의 삶도 소중하고 귀했지만 내 안에 심긴 선교에 대한 부르심의 확신과 소망은 점점 커져갔다.

모든 수련이 끝나갈 무렵이었다. 당시 대학병원의 촉탁 교수였던 나는 여러 사건을 통해 그 삶이 내게 행복을 주지 못하리라는 걸 깊이 느꼈다. 그래서 많은 이의 만류에도 불구하고 대학병원에서 나와 선교지로 나갈 준비를 시작했다(이런 나를 보고 사람들은 내가 세상에서 영영 도태될 거라고 말하기도 했다).

다시 내 인생이 하나님의 손 위에 들려진 것 같았다.

The *vessel* ⋯
in the *Fire*

5

불 속에 던져진 그릇

우리는
서진한다

뜨거운 방글라데시

2004년 초, 신앙의 색깔이 거의 같고 선교 헌신자이며 사랑과 이해의 동역자이자 동반자인 아내와 결혼했다. 그리고 이듬해 외과 전문의 자격을 취득한 후, 군 복무를 수행해야 하는 시기에 오래전부터 준비해왔던 코이카(KOICA, 한국국제협력단) 국제협력의사에 지원했다.

이는 매년 10명 안팎을 뽑아 3년간(군의관과 같은 기간) 개발도상국에 파견하여 진료 봉사 활동으로 군 복무를 대체하게 하는 제도로, 지금은 없어졌다.

특별히 해외 봉사에 관심이 없는 한 통상적으로는 군의관이나 공중보건의에 비해 장점이 많지 않아 해마다 기독교인들이 헌신하는 마음으로 대다수를 채웠다. 내가 지원한 해에도

10명 중 9명이 기독교인이었다.

그해 4개 나라에 외과 자리가 나왔다. 그중에서 전부터 알고 지내던 몽골 선교사인 박관태 선생님의 소개로 알게 된 정철웅 선생님이 근무하고 있는 이슬람 국가인 방글라데시에 지원했다.

방글라데시는 파키스탄과 함께 힌두교가 주 종교인 인도에서 무슬림이 분리 독립한 나라이다. 처음에는 파키스탄령 동파키스탄(지금의 방글라데시)과 서파키스탄(지금의 파키스탄)이 한 나라로 독립했다.

하지만 두 지역의 거리가 상당히 멀리 떨어져 있을 뿐 아니라 민족 구성이나 언어, 문화가 완전히 달라서 처음부터 한 국가가 되기는 매우 어려운 상황이었다.

'방글라데시'는 '벵골어를 사용하는 나라'(혹은 '벵골 지역 나라'로도 번역 가능)라는 국가명처럼 언어적 정체성을 중요시한다. 우르두어를 사용하는 파키스탄이 벵골어를 쓰는 방글라데시를 차별하며 탄압했고, 이에 저항하며 시위하던 다카대

학교(방글라데시의 수도 다카에 있는 국립 종합대학) 학생 중에 사망자가 나온 게 독립운동의 시발점이 되었다.

처음에는 힘과 군사력이 월등히 강한 파키스탄이 이기는 양상이었지만 이를 원치 않았던 인도가 무력으로 개입하여 방글라데시를 도와주면서 판도가 바뀌었다. 그리고 마침내 1971년에 방글라데시는 분리 독립을 했다.

국토는 남한의 1.5배 정도이나 인구가 약 1억6천만 명이나 되었다. 연중 무덥고 습한 기후에 긴 우기까지 있어서 기후만으로도 살기 힘든 나라였다.

감사하게도 국제협력의사 합격 통지가 왔다. 2005년 5월 출국 일정이었다. 당시 아내가 6월 중순께 첫아이 출산을 앞두고 있었지만, 군 복무 대체로 가는 것이어서 출국일을 미룰 수가 없었다.

나는 내가 없을 때 세상에 나올 아이의 이름을 짓기 위해 기도했다. 방글라데시를 향해 나아가는 우리 가족을 떠올리며 '서진'(西進)이라는 이름이 생각났다. 복음이 필요한 서쪽으로 나아간다는 뜻인데 여기에 다른 의미도 더하고 싶었다. 한자를 찾아보니 용서할 '서'(恕) 자가 눈에 들어왔다(이후 우리 가족의 방글라데시에서의 삶은 이 이름처럼 용서를 베푸는 삶이어야 했다).

너희가 누구의 죄든지 용서해주면,
그 죄가 용서될 것이요,
용서해주지 않으면,
그대로 남아있을 것이다.
요 20:23

아내는 남편의 부재에도 서진이를 잘 출산했다. 그러고는 나와 오래 떨어져 있기 싫다며 산후 6주 만에 아이를 안고 방글라데시로 왔다. 공항에서 작은 아기를 안고 미소 지으며 내게로 다가오던 아내의 모습이 지금도 눈에 선하다.

삼십 대 초반이던 나는 방글라데시의 날씨처럼 뜨거운 열정으로 일했다. 수도인 다카의 외곽 지역에 코이카에서 건립해 기증한 한국 방글라데시 친선 병원의 외과 과장으로 근무했다. 정부 병원이었지만 풀타임 정규직 마취과 의사도 없고 수

술실도 거의 운영되지 않았다.

나는 병원장을 설득해 방글라데시 보건부를 수차례 찾아가 한국 외과 전문의가 있는 우리 병원에 마취과 의사를 배치해 줄 것과 수술장의 정상 운영을 거듭 요청했다. 또한 코이카의 도움으로 복강경 기기와 기기 소독 가스를 방글라데시 최초로 태국에서 수입했다.

복강경 장비 중에는 플라스틱 기기가 많아 고온 소독이 불가하고 액체 소독의 경우 반복적으로 소독하면 기계가 상하기에 가스 소독이 가장 좋았다. 하지만 이를 들여오는 과정에서 세관이 뇌물을 요구하는 등 여러 어려움을 겪기도 했다.

수술장 전면 리모델링과 확장을 진행했고, 2년 반 동안 수백 건의 수술(복강경 수술 150여 건 포함)을 단 한 건의 큰 합병증 없이 수행했다. 수술을 도와줄 다른 외과의가 없어 보조 인력은 병원 경비원과 전기 기기 수리 담당 직원이 맡았다.

섭씨 40도가 넘고 습도 90퍼센트에 이르는 날씨에 수술을 하자니 온몸에 땀이 줄줄 흘렀다. 수술 중에도 수시로 단전이 되곤 했는데, 특히 복강경 수술 중에는 다시 전기가 들어올 때까지 아무것도 할 수가 없었다. 게다가 대체 전력 공급원인 발전기도 수시로 고장이 났다. 그럼에도 하나님의 은혜로 문제없이 수술하고 진료할 수 있어서 정말 감사했다.

더 사랑하고 용서해야 하는 시간

하지만 나는 그들을 사랑하고 용서하고 품어주지 못했다. 비리와 뇌물을 주고받는 부정부패가 만연한 걸 보고 자주 화를 내고 사람들과 부딪혔다.

나름의 정의를 세우고자 노력했지만, 정작 그들을 이해하거나 용납하지 못했다. 무엇보다 친구가 되어주지 못했다(나중에 한국에 돌아와서 그들을 더 용서하고 사랑하고 친구로 지내지 못했음을 후회하며 눈물을 흘렸다).

사실 내 의료 사역은 현지 의료 시스템 강화에는 거의 도움이 못 되었다. 현지 의료 인력과 교류가 없었고, 의료 기기 도입이나 의료용 가스 수입도 나 혼자만의 일이 되었다. 병원의 물류나 의료 기기 관리 등 근본적인 체계에 아무런 변화를 주지 못했고, 그 나라의 의료 시스템에도 녹아들지 못했다.

보건의료는 여러 가지 필수 요소로 구성된 유기적인 체계
(system)이다. 그래서 모든 요소가 골고루 강화되지 않으면
원하는 발전을 이룰 수 없다. 쉬운 예로 자동차를 들어보자.
엔진, 타이어, 연료, 운전자 등 여러 가지 필수 요소로 이루어
진 체계 중 하나라도 결핍되면 자동차를 운행할 수 없는 것
과 같다.

또한 환경과 위생, 보건의료에 대한 인식 개선 없이 이루어지
는 의료 활동에는 한계가 분명했다. 내가 진료한 환자들 역
시 치료가 잘된 이후에도 같은 문제로 다시 내원하는 경우가
다반사였다.

3년 만에 그 나라를 떠나온 나와 같은 외국인은 결국 나그
네이자 손님에 불과했다. 그 문화에서 살아가는 현지인을 변
화시켜 역량을 키우고 현지 시스템에 더 나은 시스템을 접목
시켜주지 않는다면, 아무리 좋은 일이라도 단기간에만 효과
를 발휘하고 만다.

결과적으로는 방글라데시에서의 여러 소중한 경험이 훗날 에티오피아로 나아갈 때 큰 도움을 주었다. 사역의 방향을 현지 의료 체계 강화 및 현지 인력 양성, 보건위생에 대한 인식 제고, 정책 및 제도 강화 등으로 잡게 한 귀한 지침이 되었다.

첫째 서진이 백일에 치른 헌아식, 방글라데시, 2005년 9월

7개월 된 서진이와 시골길을 지나다가, 방글라데시, 2006년

나의 부르심, 비전, 전략

사귐의 자리로 부르심 : 넘치게 넉넉하게 얼마든지

우리가 보고 들은 바를 여러분에게도 선포합니다.
우리는 여러분도 우리와 서로
사귐을 가지기를 바라는 것입니다.
우리의 사귐은 아버지와 또 그의 아들
예수 그리스도와 함께하는 사귐입니다.

요일 1:3

보통 '부르심'이라고 하면 어떤 장소(place)나 자리(position)
를 생각한다. 그러나 하나님의 부르심은 관계로의 부르심이
다. 즉, 사귐으로의 초대이다.

보아라, 내가 문밖에 서서, 문을 두드리고 있다.
누구든지 내 음성을 듣고 문을 열면,

나는 그에게로 들어가서 그와 함께 먹고,

그는 나와 함께 먹을 것이다.

계 3:20

하나님께서 먼저 나를 찾아오셨다. 내가 하나님을 구하고 찾아가 만나는 것 같지만 사실은 그분이 나를 계속 기다리셨고, 내게 자신을 알리시고 보여주셔서 그분을 아는 지식을 부어주셨다.

나를 만나주심으로 하나님과 사귐을 갖고 교제할 수 있게 불러주셨다. 이를 통해 복을 주시고 풍성한 삶을 누리게 해주셨다. 여기서 '풍성한 삶'이란 경제적으로 여유롭고 풍족한 것을 의미하기보다는 내가 받은 복이 주변 사람에게 흘러넘쳐 나누어지는 삶이라고 생각한다.

예수님이 그분의 삶을 통해 전 인류에 '영원한 생명'이라는 복을 나눠주신 것처럼 그분을 닮길 소망하는 우리도 누군가를 위해 받은 복을 나눠주는 삶의 자리로 부르셨다.

여러분은 우리 주
예수 그리스도의 은혜를 알고 있습니다.
그리스도께서는 부요하나,
여러분을 위해서 가난하게 되셨습니다.
그것은 그의 가난으로
여러분을 부요하게 하시려는 것입니다.

고후 8:9

우리는 모든 종류의 복을 받아 누릴 수 있고 나눌 수 있는 특권을 받았다. 하나님이 아브라함을 불러 축복하시고 그를 통해 세상 모든 사람을 복의 통로로 삼으신 것처럼, 오늘도 우리를 부르시고 우리를 통해 세상 사람들을 축복하길 원하신다.

우리 주 예수 그리스도의 아버지이신
하나님을 찬양합시다.
하나님께서는 그리스도 안에서,
하늘에 속한 온갖 신령한 복을
우리에게 주셨습니다.

엡 1:3

하나님께서는 여러분에게

온갖 은혜가 넘치게 하실 수 있습니다.

그러하므로 여러분은 모든 일에 언제나,

쓸 것을 넉넉하게 가지게 되어서,

온갖 선한 일을 얼마든지 할 수 있습니다.

고후 9:8

위 고린도후서의 구절을 주목해보라. 하나님께서 온갖 은혜를 넘치게 하셔서, 모든 일에 언제나 쓸 것을 넉넉하게 갖게되어, 온갖 선한 일을 얼마든지 할 수 있는 자들이 우리다! 하나님께서 우리를 이렇게 축복해주신다.

어떤 은혜로? 온갖 은혜로!

얼마나? **넘치게!**

어떤 일에? 모든 일에!

언제? 언제나!

다시 얼마나? **넉넉하게!**

어떤 일을? 온갖 선한 일을!

또다시 얼마나? **얼마든지!**

위에서 세 번의 '얼마나'를 다시 보자.
"넘치게, 넉넉하게, 얼마든지"의 하나님이시다.

도둑은 다만 훔치고 죽이고
파괴하려고 오는 것뿐이다.
나는, 양들이 생명을 얻고
또 더 넘치게 얻게 하려고 왔다.
요 10:10

비전 : 더 많은 사람을 얻는 것

나는 어느 누구에게도
얽매이지 않은 자유로운 몸이지만,
많은 사람을 얻으려고,
스스로 모든 사람의 종이 되었습니다.
유대 사람들에게는, 유대 사람을 얻으려고
유대 사람같이 되었습니다.
율법 아래 있는 사람들에게는,

내가 율법 아래 있지 않으면서도,

율법 아래에 있는 사람을 얻으려고

율법 아래 있는 사람같이 되었습니다.

율법이 없이 사는 사람들에게는,

내가 하나님의 율법이 없이 사는 사람이 아니라

그리스도의 율법 안에서 사는 사람이지만,

율법 없이 사는 사람들을 얻으려고

율법 없이 사는 사람같이 되었습니다.

믿음이 약한 사람들에게는,

약한 사람들을 얻으려고 약한 사람이 되었습니다.

나는 모든 종류의 사람에게 모든 것이 다 되었습니다.

그것은, 내가 어떻게 해서든지,

그들 가운데서 몇 사람이라도 구원하려는 것입니다.

나는 복음을 위하여 이 모든 일을 하고 있습니다.

그것은 내가 복음의 복에 동참하기 위함입니다.

고전 9:19-23

사람들은 다양한 꿈을 가지고 살아간다. 많은 사람이 대개 아름답고 행복한 가정, 안정된 직장, 훌륭한 집 등을 바란다.

나는 예수님을 알고 나서 새로운 꿈(비전)을 갖게 되었다. 이 책의 서두에 쓴 것처럼 더 많은 이들과 이 길을 함께 가며 내가 누리는 복을 함께 누리는 것이다.

사도 바울은 그 일을 위해 스스로 모든 사람의 종이 되었다고 말한다. 놀라운 고백이 아닐 수 없다. 내 삶을 누군가를 위해 나눌 수 있다면 그보다 더 큰 의미는 없을 거라고 확신한다. 모쪼록 더 많은 사람에게 이 풍성한 삶을 나눌 수 있기를 기도한다.

그리스도께서 우리를 위하여
자기 목숨을 버리셨습니다.
이것으로 우리가 사랑을 알게 되었습니다.
그러므로 우리도 형제자매를 위하여
목숨을 버리는 것이 마땅합니다.

요일 3:16

전략 : 주님 안에 거하는 것

내 안에 머물러 있어라.
그리하면 나도 너희 안에 머물러 있겠다.
가지가 포도나무에 붙어있지 아니하면
스스로 열매를 맺을 수 없는 것과 같이,
너희도 내 안에 머물러 있지 아니하면
열매를 맺을 수 없다.
나는 포도나무요, 너희는 가지이다.
사람이 내 안에 머물러 있고,
내가 그 안에 머물러 있으면,
그는 많은 열매를 맺는다.
너희는 나를 떠나서는 아무것도 할 수 없다.

요 15:4,5

예수님은 우리가 주님을 떠나서는 아무것도 할 수 없는 존재
라고 말씀하신다. 사실 내게는 매우 충격이었다. 주님을 떠나
서는 "큰일을 할 수 없다" 혹은 "정말 중요한 일을 할 수 없다"
라면 어느 정도 수긍하겠지만 "아무것도 할 수 없다"라는 말
씀은 선뜻 납득이 안 됐다.

하지만 선교지에서 비로소 고개를 끄덕이게 되었다. 실제로 우리가 주님과의 살아있는 관계를 떠나서 행한 모든 일은 아무것도 하지 않은 것과 같았다.

주님 안에 머물러 있는 사람만이 하나님이 인정하시고 귀히 보시는 그분의 일에 동참할 수 있다. 이것이 우리가 어떻게든 하나님께 붙어있어야 하는 이유이다. 내 삶의 가장 중요한 전략이기도 하다.

시편 1편 1절에서 말씀하신 "악인의 꾀를 따르지 아니하며, 죄인의 길에 서지 아니하며, 오만한 자의 자리에 앉지 아니"하는 복된 삶을 사는 자는, 오직 주님의 말씀을 즐거워하고 주야로 묵상하며 그 말씀에 거하는 자라고 하신다.

세상의 전략과 지혜에 의지하지 않고 예수님이 말씀하신 것처럼 하나님의 모든 말씀으로 사는 인생을 그분이 인정하시고 형통케 하신다. 오늘 하루도 주님의 말씀에만 내 삶을 의탁하며 살기를 원한다.

예수께서 자기를 믿은

유대 사람들에게 말씀하셨다.

"너희가 나의 말에 머물러 있으면,

너희는 참으로 나의 제자들이다.

그리고 너희는 진리를 알게 될 것이며,

진리가 너희를 자유롭게 할 것이다."

요 8:31,32

머물러 있으면….

머물러 있으면….

The *vessel* ···
sent *to be* *broken*

6

깨지기 위해
보내진 그릇

남수단, 하나님의 샬롬이 필요한 곳

신생 기독교 국가 그러나 내전의 나라

2013년 7월 1일, 나는 한국 보건복지부 산하 공적원조 기관인 한국국제보건의료재단(Korea Foundation for International Healthcare, KOFIH)에서 처음 아프리카에 파견한 직원으로 채용되었다. 내가 파견된 남수단공화국(Republic of South Sudan, 이하 남수단)은 한반도의 약 3배의 국토와 약 1,300만 인구(2015년 기준, 세계보건기구 조사)를 지닌 에티오피아 접경국 중 하나이며, 고 이태석 신부의 사역지로 유명한 신생 독립국이었다.

이곳에서 보건 사업을 기획, 수립하고 현장에서 사업을 수행할 해외 사무소 개소를 준비했다. 가족은 에티오피아에 정착했고, 나는 매달 남수단과 에티오피아를 오가며 일했다.

마침 남수단의 독립 2주년이 되는 때였다. 수도 주바(Juba)의 주 경기장에 대통령을 위시한 각료들과 국민이 모였다. 그들은 새롭게 세워진 나라를 하나님께 올려드리며 인도해주시기를 기도했다. 나는 그들의 간절한 기도와 예배를 지켜보면서 감동하여 함께 기도했다.

이들은 강성 이슬람 국가인 수단에서 수십 년 넘게 기독교인이라는 이유로 갖은 핍박과 어려움을 겪으며 장기간 게릴라전을 펼친 끝에 2011년 독립했다. 그러나 오랜 전쟁의 여파로 국가 기반 시설이 거의 없는 황무지 같은 나라였다.

수도인 주바조차 아스팔트가 제대로 깔린 도로가 드물었고, 수도와 전기 공급도 일부 지역만 가능했다. 그래서 남수단에 몇 주 머물다가 에티오피아로 돌아오면 마치 한국에 나온 것처럼 느껴지기도 했다.

내가 관여했던 남수단의 보건의료 분야는 거의 세계 최악 수준의 보건 지표를 보였고, 의사를 비롯한 모든 보건의료 인력이 전무하다시피 했다(2013년 기준 인구 약 1,100만 명당 국가에 등록된 의사가 120명, 전문의가 20여 명).

대부분의 개발도상국에서 추진하는 보건의료 체계 강화
(Health system strengthening)를 시행하기 전에 보건의료 체계
자체를 처음부터 구축해야 했다. 실제로 거의 전 분야에 걸
쳐 국가 체계를 기초부터 세워야 하는 상황이었다.

그럼에도 남수단 국민은 아프리카 특유의 여유와 열정적 기
질을 지니고 있으면서도 대다수가 아랍어를 유창하게 쓸 줄
아는 기독교인이었다.

나는 조산사 학교 운영 등을 통한 보건의료 인력 양성 및 국
가 중앙 결핵 실험실 구축 사업 등에 관여하면서 인적 네트워
크와 국제 보건의료 활동 경험을 쌓아갔다. 또 한편으로는
남수단의 기독 의사들과 정기적 교제와 모임을 계획했다.

그러던 2013년 12월, 딩카족과 누에르족의 종족 간 갈등을
정치적으로 이용하는 당시 대통령 진영과 부통령 진영의 내
전이 일어났다. 그 직전까지 여러 활동을 진행하고 계획했지
만, 내전이 발발하면서 옆 나라 에티오피아로 사역지를 옮겨
야 했다(남수단은 수단으로부터의 독립 과정에서 오랜 세월 게릴
라전에 단련되어 전쟁에 능한 이들이 많았다).

남수단은 중동 국가들 못지않은 석유 매장량을 자랑하는 유전을 보유한 것으로 알려져 있지만, 원유 정제 기술 및 시설이 없었다. 백나일강 주변에는 비교적 비옥한 지역도 많고, 그 외에도 많은 잠재력을 가진 나라였다. 하루빨리 전쟁이 종식되어 하나님의 평화(샬롬)가 임하는 것이 절실했다.

국민의 삼분의 일 이상이 극빈층이며 기아와 아사의 위협 속에 있는 이 나라가 진정으로 연합되기를 바랐다. 그래서 옆나라 에티오피아의 선교적 교회들, 성도들과 함께 일어나 북아프리카와 중동 땅을 향한 하나님의 열망을 이루어드리고 역사적 소명을 성취하는 날이 속히 오기를 고대했다.

아프리카로 출발하던 날 인천공항에서
왼쪽부터 첫째 서진, 둘째 하진, 셋째 채진, 2013년 7월

탄자니아에서, 2013년 12월

우리에게도 성경 이야기를
나눠주면 좋겠어

아프리카의 혈맹국 에티오피아

에티오피아는 동북 아프리카에 위치하면서 남한의 약 11배
에 달하는 국토와 1억1천만 명이 넘는 인구를 지닌 대국이
다. 또한 한국전쟁 때 황제의 근위병을 대거 파병했던 나라
로, 터키처럼 많은 국민이 한국을 형제의 나라로 여길 정도로
다른 아프리카 국가들에 비해 한국과 특별한 인연이 있다.

2014년 2월, 에티오피아 수도 아디스아바바에서 남서쪽으
로 약 350킬로미터 떨어진 곳에 위치한 짐마(Jimma)라는 도
시를 처음으로 방문했다. 앞서 말했듯이, 2013년 12월 남수
단 내전이 발발하여 이듬해 1월 에티오피아로 사역지를 옮겨
새로운 사역지를 찾던 중이었다.

그곳에는 3만5천 명 이상이 공부하는 짐마대학이 있었다. 짐마대학은 나라에서 실시한 대학 평가에서 수년째 1위를 한 국립대학으로, 의대와 보건대가 역사와 전통을 자랑하며 아디스아바바대학 다음으로 명문 대학으로 자리매김했다.

마침 500여 병상 규모의 짐마대학 부속 병원이 신축되어서 개원을 앞두고 개원 준비 및 인적 역량 개발 등을 위해 협력 파트너를 찾고 있었다. 짐마는 에티오피아의 주요 지방 도시 중 남수단에 가장 가까워 남수단 학생들도 많이 와있었다.

당시 나는 남수단 사역을 완전히 접지 않은 상황이었기에 연계 사업 가능성까지 엿볼 수 있을 것 같았다. 그래서 보건의료 분야에 큰 필요가 있고, 진취적이고 활발한 대학 지원이 있는 짐마 지역을 사역지로 결정했다.

나중에 알게 된 놀라운 사실은, 이 지역이 에티오피아 근현대사에서 큰 비극의 중심에 있는 오로모 민족의 지역(오로미아주)에 속하여 지역 주민의 98퍼센트 이상이 무슬림이었다. 오로미아 주에서도 가장 먼저 자발적으로 이슬람교로 개종한 역사를 지닌 지역이었다.

역사적으로 오랜 기간 지배 계층이던 북부 지역의 티그레이, 암하라 민족에게 지속적인 침략과 핍박을 받던 남부 지역의 오로모 민족은 지배 계층의 이데올로기이자 국가적 종교인 에티오피아 정교에 강한 반감이 있었다.

그래서 당시 이슬람 상인들의 무역로에 위치했던 짐마 지역은 거의 최초로 이슬람교로 집단 개종했다. 이후 인구 4천만 명이 넘는 에티오피아 최대 종족인 오로모 민족(케냐, 우간다 북부 등에도 일부 거주)의 절대다수가 무슬림 개종자가 되었다.

티그레이, 암하라 민족은 오로모 민족을 정복하는 과정에서 오랫동안 오로모어 사용을 금했고, 오로모식 이름의 개명을 강요했을 뿐 아니라 지명과 학교, 병원 등에 정복자였던 장군들의 이름을 붙였다. 일제강점기에 조선이 당한 수난을 오로모 민족도 겪은 것이다.

정복과 핍박의 역사가 종교의 영향 아래 이루어져 마치 십자군전쟁을 겪은 이들이 기독교를 뿌리 깊게 증오하게 된 것과 같은 아픈 역사가 오로모 민족에게도 있었다.

역사적으로 큰 의미가 있는 짐마 지역에 이 나라 최고 수준의 대학이 있어 전국에서 유능한 젊은이들이 모여들고 있었다. 이곳이 우리의 사역지가 된 건 우연이 아닌 하나님의 섭리임을 직감했다.

마음과 마음이 이어지다

나는 만 5년 동안 한국국제보건의료재단(KOFIH) 소속으로 짐마에서 산모와 영유아를 대상으로 하는 모자(母子) 보건 사업의 전 과정을 수행하며 지역 파트너들의 협력을 끌어내려고 나름 애를 썼다.

이들에게 정말 필요한 게 무엇인지 고민하며 사업 디자인 단계부터 의견을 낼 수 있도록 에티오피아 KOFIH 사무소, 짐마 보건대학원, 짐마 보건국 등이 함께 2015년 2월부터 7월까지 짐마 지역 보건의료 현황에 대한 광범위한 기초선 조사 연구를 실시했다.

이것은 이어 수행되는 지역 기반 통합 모자 보건 사업의 사업 형성 조사이기도 한 연구로, KOFIH에서도 처음으로 국내 다른 기관에 연구 용역을 주지 않고 현지 사무소가 모든 과정을 주도적으로 수행한 조사였다.

이를 기반으로 2015년 8월, 짐마 모자 보건 사업 형성 워크숍을 개최했다. 이날은 지역의 보건의료 인력 대부분을 포함해 마을 건강 요원(health extension workers), 마을 리더, 짐마 지역 보건시설 책임자, 짐마 보건국 직원, 짐마대학 간호대, 조산사학과 디렉터와 보건대 교수 다수가 참석했다.

각 마을의 종교 지도자들(에티오피아 정교, 이슬람교, 기독교)까지 초청하여 사업 형성 조사 결과를 전달, 설명하고 앞으로 시작될 보건 사업에 대한 그들의 의견과 건의를 듣고 수렴하는 워크숍이었다.

사업 예산을 부담하는 기관의 기관장인 내가 내용을 알아들으려면 에티오피아의 공용어인 암하라어로 진행하고 영어로 통역하게 할 수도 있었지만, 그 지역의 고유어인 오로모어로 진행하기로 했다.

오로미아 주 보건국 부국장, 짐마대 부총장도 참석한 모임을 오로모어로만 진행한 건 내 예상보다 더 큰 의미가 있는 일이었음을 참석자들의 반응을 보고 알 수 있었다. 오전 9시부터 오후 3시로 예정되었던 자리는 6시를 넘겼고 끝날 때까지 참석자들 대부분이 자리를 지키며 함께했다.

그중 다수는 그들의 지역 언어로 학술 워크숍을 진행하기는 처음이라며 너무나 기뻐했다. 눈물을 글썽이는 이들도 있었다. 특히 마을 리더와 종교 지도자들은 이런 모임에 처음 초대받아 몹시 기뻐하면서 사람들을 교육하는 데 앞장서겠다고 말했다. 나도 마음에 감동이 밀려왔다.

'아, 마음과 마음이 이어지는 게 이런 거구나. 이런 게 사는 행복이구나.'

에티오피아를 떠나 안식년을 갖기 직전에 마지막으로 짐마를 방문했을 때였다. 사업을 같이 기획하고 수행하던 동료들이 환송식을 마련해주었다. 짐마 보건국 직원이었던 동료가 내게 감사 인사를 건네며 말했다.

"닥터 김, 당신이 보여준 리더십의 모범은 내가 그동안 보지 못한 독특하면서도 탁월한 것이었어요. 다시 당신과 일하게 되길 기대합니다."

짐마대 보건대학원의 한 무슬림 동료 교수는 내게 물었다.

"네 페이스북을 보니 교회에서 성경 말씀을 나누는 것 같던데, 우리에게도 성경을 한번 나눠주지 않겠니? 다음에 오면 꼭 그렇게 해주면 좋겠어."

나는 정부 기관 기관장의 신분이기에 이들에게 직접적으로 복음을 전한 적이 한 번도 없었다. 하지만 하나님께서 부족한 내 섬김을 통해 무슬림 친구의 마음을 열어주신 게 참 감사했다. 하나님이 허락해주신 지난 6년간의 섬김의 열매처럼 여겨졌다.

에티오피아 보건소 직원들과 함께, 2018년

사람에게 가는 선교

2019년 9월부터 1년 9개월 동안 미국에서 안식년을 보내며 풀러신학대학원(Fuller Theological Seminary)에서 선교학을 공부했다. 부끄럽게도 아무런 준비 없이 선교에 바로 뛰어든 면이 없지 않았다.

그런 나를 하나님께서 긍휼히 여겨주셔서 부족한 우리 가정에 귀한 동료 선교사들을 붙여주시고 환경과 상황을 통해 가르치며 인도해주셨다. 그럼에도 좌충우돌한 면이 많았다.

에티오피아에서 6년 가까이 되었을 때 하나님께서 휴식과 재충전의 시간을 가질 것을 말씀하셨고, 공부할 수 있는 기회와 자리로 인도하셨다.

당신과의 사귐의 자리로 우리를 부르신 하나님은 또한 우리를 보내시는 분이다. 'Mission'(사명), 'Missionary'(선교사)의 어원인 라틴어 'Missio'는 '보냄'이라는 뜻을 지닌다.

하나님께서 그분의 뜻을 이루기 위해 예수님을 이 땅에 보내셨고, 보냄을 받으신 예수님은 자발적 순종으로 하나님과 세상을 화해시키는 일을 온전히 완성하셨다.

[예수께서] 다시 그들에게 말씀하셨다.
"너희에게 평화가 있기를 빈다.
아버지께서 나를 보내신 것같이,
나도 너희를 보낸다."
요 20:21

예수님이 제자들에게 하신 말씀이다. 즉 아버지께서 예수님을 보내신 것처럼, 예수님도 그분을 따르는 이들을 그분이 사랑하는 세상에 보내신다. 그러나 우리가 가는 길은 무거운 임무를 수행하는 고생길이 아니다. 예수님의 사랑을 경험한 자, 사랑의 의미를 아는 자로서 그 사랑에 동참하며 그분의 마음에 참예하는 놀라운 길이다.

요한복음 9장을 보면 태어나면서부터 소경인 사람의 이야기가 나온다. 제자들은 그의 불행이 누구의 죄 때문인지 예수께 묻는다. 사실은 나도 동일한 질문을 갖고 있었다.

'주님, 이 아프리카 땅의 가난하고 무지하여 평생 고생만 하다 세상을 떠나는 사람들은 누구의 잘못 때문에 이렇게 비참하게 살아가나요?'
'주님, 제가 파킨슨병에 걸린 건 제 죄 때문인가요?'

예수께서 대답하셨다.
"이 사람이 죄를 지은 것도 아니요,
그의 부모가 죄를 지은 것도 아니다.
하나님께서 하시는 일들을
그에게서 드러내시려는 것이다.

우리는 나를 보내신 분의 일을

낮 동안에 해야 한다.

아무도 일할 수 없는 밤이 곧 온다."

요 9:3,4

주님은 그의 불행이 누구의 탓이나 잘못 때문이라고 말씀하지 않으신다. 그런 불행을 겪는 이들의 삶의 자리에 하나님께서 일하시는 역사를 드러내시려는 그분의 섭리라고 하신다. 불행의 당사자인 그들이 하나님의 강력한 역사하심의 증인이 되는 것이 그분의 계획이라고 말씀하신다.

또한 우리가 바로 '그 일'을 해야 한다고 말씀하신다. 도저히 이해할 수 없고 설명하기조차 어려운 불행과 역경을 겪는 이들의 삶 속에 하나님의 역사하심을 드러내고 증거하는 일을 "우리"(예수님과 그분을 따르는 제자)가 함께해야 한다고 하신다.

이 말씀을 하시고는 그 소경에게 '실로암'이라는 연못에 가서 눈을 씻으라고 하신다. 실로암은 '보냄을 받았다'라는 뜻으로 '선교'와 동일한 의미를 지닌다(요 9:7 참조). 예수께서 보내신 곳으로 갈 때 그의 문제가 해결된다는 걸 알려주신다.

우리는 종종 삶의 문제에 매몰되어 그보다 훨씬 크신 하나님을 보지 못하는 잘못을 저지르곤 한다. 하지만 믿음은 다른 모든 것에서 눈을 들어 높이 들리신 구원과 능력의 주님을 바라보는 것이다. 내가 좋아하는 찬양 가사처럼 말이다.

내게로부터 눈을 들어
주를 보기 시작할 때
주의 일을 보겠네
내 작은 마음 돌이키사
하늘의 꿈 꾸게 하네
주님을 볼 때
모든 시선을 주님께 드리고
살아계신 하나님을 느낄 때
내 삶은 주의 역사가 되고
하나님이 일하기 시작하네
김명선, 〈시선〉

주님은 우리의 삶의 현장이 그분의 역사의 무대가 됨을 통해 증인의 삶을 사는 사명을 주셨다.

선교의 동력 : 성령의 기름부으심

수많은 무리가 주님을 따랐지만 주님은 공생애 동안 열두 제자와의 시간에 역량을 집중하셨다. 그리고 세상을 떠나시면서 남겨진 그들에게 세계를 복음화하는 가장 중요한 사명을 맡기셨다. 동시에 약속이자 유언과 같은 명령으로 '아버지의 약속하신 것 곧 성령의 세례를 받으라'는 말씀을 남기셨다.

그러나 성령이 너희에게 내리시면,
너희는 능력을 받고,
예루살렘과 온 유대와 사마리아에서,
그리고 마침내 땅끝에까지 이르러
내 증인이 될 것이다.

행 1:8

하나님의 일을 감당하는 데 있어 유일한 원동력은 오직 성령의 기름부으심(anointing)이기 때문이다. 하나님의 아들이신 예수께서도 성령의 기름부으심으로 모든 사역을 감당하셨음을 알 수 있다.

기름부으심이란 누군가를 하나님의 영적인 사역을 위해 따로 거룩히 구별하여 영적 권위를 부여하고 능력을 공급해주는 일을 의미한다.

– 마틴 H. 맨서(Martin H. Manser), 《Dictionary of Bible Themes》

하나님께서 나사렛 예수에게
성령과 능력을 부어주셨습니다.
이 예수는 두루 다니시면서 선한 일을 행하시고,
마귀에게 억눌린 사람들을
모두 고쳐주셨습니다.
그것은 하나님께서
그와 함께하셨기 때문입니다.

행 10:38

세례 요한은 예수님을 자신보다 훨씬 크신 분으로 소개한다. 또 성부 하나님께서 세례 요한에게 예수님을 소개한 한 가지 특징이 바로 '성령으로 세례를 베푸는 분'이었기에 그렇게 증언한다.

나도 이분을 몰랐습니다.

그러나 나를 보내어 물로 세례를 주게 하신 분이

나에게 말씀하시기를,

'성령이 어떤 사람 위에 내려와서 머무는 것을 보거든,

그가 바로 성령으로 세례를 주시는 분임을 알아라'

하셨습니다.

요 1:33

나는 오늘날에도 하나님께서 교단과 종파를 초월하여, 오직 성령님의 능력과 인도하심을 경험하며 은사를 활용한 열매로 예수님의 인격과 성품을 나타내는 증인들을 통해 그분의 나라를 확장해가신다고 확신한다.

사람에게 가는 선교 : 친구를 위해 목숨을 주는 사랑

사람이 자기 친구를 위하여

자기 목숨을 내놓는 것보다

더 큰 사랑은 없다.

내가 너희에게 명한 것을 너희가 행하면,

너희는 나의 친구이다.

이제부터는 내가 너희를 종이라고 부르지 않겠다.

종은 그의 주인이 무엇을 하는지를 알지 못한다.

나는 너희를 친구라고 불렀다.

내가 아버지에게서 들은 모든 것을

너희에게 알려주었기 때문이다.

요 15:13-15

방글라데시 코이카 국제협력의사로 2년 6개월 동안 근무할 때 현지인 교회에 다니며 큰 은혜를 누렸다. 담임목사님은 영어 교사 출신의 무슬림 개종자였다. 그는 자신의 멘토가 28년간 사역하며 단 2명의 제자를 양육하고 떠난 선교사님이라고 했다.

어떤 이들은 그의 사역이 실패했다고 말할지 모른다. 효율성을 따지는 현대의 추세를 생각하면 지독히 낮은 효율의 사역이라고 할 수도 있겠다. 하지만 그의 제자인 방글라데시 현지인 목사님이 수십 개의 교회를 개척하고 많은 사역자의 멘토가 되어주는 등 넘치는 열매를 맺고 있는 걸 보았다.

젊은 나이에 제너럴셔먼호에 통역관으로 몸을 실었던 로버트 저메인 토머스 선교사는 대동강에 발을 딛자마자 생명을 잃었다. 그는 준비해 온 한글로 번역된 성경책을 나눠준 뒤 순교했다. '거룩한 낭비'의 순교였다.

그때 제너럴셔먼호를 구경하러 나왔던 11세 소년 최치량이 토머스 선교사가 뿌린 성경 3권을 얻어 돌아갔고, 박영식은 성경책의 종이 질이 좋아 버리기 아까워 집의 벽지로 사용했다. 그렇게 성경으로 도배된 집은 여관이 되었다가, 복음을 전하기 위해 평양을 방문한 마포삼열(새뮤얼 오스틴 모펫) 선교사 일행에 의해 발견되어 결국 예배 처소로 탈바꿈했다.

이곳이 평양 최초의 개신교 교회인 널다리골교회가 되었고, 이후 장대현교회가 되어 평양 대부흥의 시발점이 되었다. 마포삼열 선교사의 아들인 새뮤얼 휴 모펫은 이렇게 기록했다.

제 아버지는 제너럴셔먼호 사건이 일어난 지 24년 후에 평양을 방문하셨습니다. 그리고 제너럴셔먼호 사건을 목격한 증인들을 만나보았습니다. 그들이 증언하기를 한 백인이 불에 타고 있던 갑판의 연기 속에서 "예수"라고 외치며 강변에 서있는 사람들에게 성경책을 던져주었다고 합니다.

-《코리아헤럴드》, 1973년 5년 6일 자

내가 진정으로 진정으로 너희에게 말한다.
밀알 하나가 땅에 떨어져서 죽지 않으면
한 알 그대로 있고, 죽으면 열매를 많이 맺는다.
요 12:24

나도 한 사람에게 가서 생명을 전하고 친구와 응원자가 되어
주는 삶을 살기로 결심했다. 이때 주신 말씀이 디모데후서 2장
이다.

그대가 많은 증인을 통하여
나에게서 들은 것을
믿음직한 사람들에게 전수하십시오.
그리하면 그들이 다른 사람들을
또한 가르칠 수 있을 것입니다.
그대는 그리스도 예수의 훌륭한 군사답게
고난을 함께 달게 받으십시오.

딤후 2:2,3

이 말씀을 통해 깊은 교제와 멘토링을 할 현지인을 찾고 양육할 때 선택의 기준을 주셨다고 생각했다. 신뢰할 만한 사람을 찾아야 한다는 것과 이 일에 임하는 건 내 선택이 아니라 군사령관 같으신 예수님의 준엄한 명령이라는 것, 그리고 그 일은 반드시 고난을 통과하게 된다는 것이었다.

The *vessel* ···
broken, *yet* *chosen*

7

깨어진 그릇

네 깨어짐 때문에
내가 너를 택했단다

깨어진 그릇을 구멍난 손으로 만져주시다

2018년 여름, 한국 오륜교회의 주성하 목사님으로부터 이메일이 왔다. 교회에서 매년 11월에 3주에 걸쳐 다니엘기도회를 하는데 강사로 참여해줄 수 있는지 물었다.

그해 9월, 한국 출장이 예정되어 있어 11월에 재방문하기는 힘들다고 판단하여 참여가 어렵다고 답을 했다. 그런데 주목사님으로부터 간곡한 장문의 메일이 다시 왔다.

"선교사님, 이 기도회가 교회의 연합과 갱신을 위한 자리이며 1만 개가 넘는 한국 교회가 한목소리로 하나님께 간구하는 자리이기에 기도 가운데 강사 요청을 하게 되었습니다. 꼭 참석해주시길 기도합니다."

이를 위해 서로 연락하는 과정에서 한국 교회에 동아프리카 선교를 소개할 좋은 기회가 될 수 있으리라는 생각에 참여를 결정했다. 사실 처음에는 오륜교회나 다니엘기도회에 대해 잘 몰랐다. 알고 보니 정말 큰 기도 집회였고, 하나님께서 쓰시는 다양한 사역자들이 간증하는 자리였다.

내가 설 자리가 아닌 것 같아 걱정도 됐지만, 한국에 에티오피아 상황을 소개하고 싶은 마음에 간증을 준비했다. 당시 나는 한국국제보건의료재단을 사직하고 자비량 무보수로 에티오피아 연방 보건부에서 선임고문(senior advisor)으로 일하고 있었다.

한국 보건복지부 산하 기관을 통해 일할 때는 몰랐는데, 예산 지원 없이 개인 자격의 전문가로서 일하다 보니 생각보다 많은 제한을 받았다. 특히 다니엘기도회처럼 큰 집회에서 사역 소개를 하려니 내 자리가 너무나 작게 보였다.

'내가 에티오피아에서 하나님을 위해 무엇을 하고 있나?'

이런 생각을 떨쳐버리지 못했다.

다니엘기도회에서 간증하기 일주일 전이었다. 한국으로 가기 전 교회에서 예배를 드리는데 마음으로 드리게 되는 기도가 있었다. 나는 학생 때부터 귀한 그릇이 아니더라도 하나님께서 쓰시는 그릇이 되었으면 좋겠다고 기도해왔는데, 그날은 다른 기도가 나왔다.

'하나님, 저는 깨어진 그릇 같아요. 하나님께서 쓰시지 못하는 그릇이요….'

내가 죽은 사람이라도 된 것처럼,
나는 사람들의 기억 속에서 잊혀졌으며,
깨진 그릇과 같이 되었습니다.

시 31:12

깨어진 그릇…. 눈물이 흘렀다. 바로 그때 하나님께서 답을 주셨다.

'네 깨어짐 때문에 내가 너를 택했단다.'

나를 택해주셨다고 하셔서 더 눈물이 쏟아졌다.

'하지만 깨어진 그릇은 소용이 없는 그릇 아닌가요? 어디에도 쓸 수 없잖아요.'

'네 깨어짐 때문에 내가 십자가에 달렸단다.'

그렇다. 부서지고 실패한 내 인생에 찾아오신 예수님이 사랑과 희생으로 내 실패와 수치와 죄악을 모두 덮어주시고 가려주셨다.

'네 마음을 내가 받았다.'

끝없이 눈물이 흘렀다. 그렇게 울며 예배를 드린 게 얼마 만인지 모를 정도로. 다시 기도가 나왔다.

'주님, 정말 죄송해요. 제가 주님께 드릴 게 없는 것 같아요.'

마음이 아파 눈물이 계속 흘렀다. 내 삶과 사역의 열매를 통해 하나님을 영광스럽게 해드리고 싶은데 나는 항상 빈손이었다.

마침 헌금 시간이 되었다. 교회의 한 리더가 앞에 나가 마가복음 구절을 나누며 성경적 헌금의 의미를 말하며 격려했다.

예수께서 헌금함 맞은쪽에 앉아서,

무리가 어떻게 헌금함에 돈을 넣는가를 보고 계셨다.

많이 넣는 부자가 여럿 있었다.

그런데 가난한 과부 한 사람은 와서,

렙돈 두 닢 곧 한 고드란트를 넣었다.

예수께서 제자들을 곁에 불러놓고서,

그들에게 말씀하셨다.

"내가 진정으로 너희에게 말한다.

헌금함에 돈을 넣은 사람들 가운데,

이 가난한 과부가 어느 누구보다도 더 많이 넣었다.

모두 다 넉넉한 데서 얼마씩을 떼어 넣었지만,

이 과부는 가난한 가운데서 가진 것 모두

곧 자기 생활비 전부를 털어 넣었다."

막 12:41-44

과부가 드린 두 렙돈은 당시 일꾼의 일당을 64,000원 정도라고 할 때 1,000원에 해당하는 돈으로 정말 보잘것없는 액수였다. 하지만 예수님은 그녀가 누구보다도 많이 넣었다고 말씀하셨다. 주님의 음성이 다시 들려왔다.

'많은 것을 준 건 아니지만 나는 네 마음을 받았다.'

깨어진 그릇, 찢어진 그물과 같은 내 인생을 주님은 구멍 난 손으로 받아주시고 메워주셨다. 크지는 않지만 전부를 드렸던 내 마음이 그분이 받으실 예배라고 말씀하셨다.

나는 교회에서 돌아와 며칠 후에 있을 간증 내용을 완전히 새롭게 바꾸었다. 그렇게 다니엘기도회의 간증 제목도 '깨어진 그릇'이 되었다.

주님을 경외하는 사람에게 주시려고
주님께서 마련해두신 복이 어찌 그리도 큰지요?
주님께서는 주님께로 피하는 사람들에게
복을 베푸십니다.
사람들이 보는 앞에서 복을 베푸십니다.
시 31:19

다니엘기도회 간증, 2018년 11월 6일

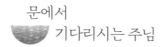

문에서 기다리시는 주님

회막 문 여호와

2018년 4월쯤, 요한복음 10장에 나오는 예수님의 말씀 "나는 양의 문이라"(요 10:7)를 묵상할 때였다. 우리 가족은 한미국인 선교사님(목사님) 부부가 그해 부활 주일에 개척한 교회를 초기부터 함께 섬겼다.

목사님은 우리에게 중보기도 모임을 이끄는 자리를 맡겨주셨다. 나는 아침 6시에 기도 모임을 하자고 제안했다. 대중교통이 없는 아디스아바바의 특성상 더 이른 시간은 어려워도 그쯤이면 성도가 모일 수 있으리라 생각했다.

하지만 에티오피아 성도와 서양 사역자들에게 이른 아침 기도는 일상적이지 않았고, 7시가 넘으면 출근길 교통체증 때문에 많은 지체가 참석하지 못했다. 결국 기도 모임은 나와 목사님 둘이서 하거나 나 혼자인 경우가 많았다.

어느 수요일 아침이었다. 혼자 교회 문을 열고 들어가 자리 잡고 기도를 하다가 '문'에 대한 묵상을 하게 되었다. 출애굽기 말씀을 보다가 번제를 드릴 장소이자 주님을 만나 대화를 나누는 곳이 '회막 문'이라는 걸 처음 알았다.

이는 너희가 대대로
여호와 앞 회막 문에서 늘 드릴 번제라
내가 거기서 너희와 만나고 네게 말하리라
출 29:42

'왜 문에서 만나지?'

마음에 떠오르는 답이 있었다.

'그건 안에서 기다리고 있을 수 없기 때문이야.'

그는 일어나서, 아버지에게로 갔다.
그가 아직도 먼 거리에 있는데,

그의 아버지가 그를 보고 측은히 여겨서,

달려가 그의 목을 껴안고, 입을 맞추었다.

눅 15:20

마치 탕자를 기다리던 아버지처럼 말이다. 얼마나 그리웠고 기다렸고 보고 싶었으면 단 몇 초라도 더 빨리 보기 위해 문 밖으로 나와있었을까.

출애굽기 33장에 모세가 진 밖에 따로 만든 회막으로 하나님을 뵈러 갈 때도 하나님의 구름 기둥이 회막 문에 내려와섰다. 구름 기둥은 보이지 않는 하나님께서 입으시는 옷자락과 같다고 할 수 있다. 즉 보이지는 않지만 '거기', 회막 문에 계셨다.

모세가 회막에 들어갈 때에

구름 기둥이 내려 회막 문에 서며

여호와께서 모세와 말씀하시니

출 33:9

또한 아론의 대제사장 직분을 이어받은 그의 자손들은 직분
을 위임받기 전 7일간 밤낮으로 회막 문에 머물면서 죄를 속
하는 예식을 지내야만 했다.

위임식은 이레 동안 행하나니
위임식이 끝나는 날까지
이레 동안은 회막 문에 나가지 말라
오늘 행한 것은 여호와께서 너희를 위하여
속죄하게 하시려고 명령하신 것이니
너희는 칠 주야를 회막 문에 머물면서
여호와께서 지키라고 하신 것을 지키라
그리하면 사망을 면하리라
내가 이같이 명령을 받았느니라

레 8:33–35

누군가의 집을 방문할 때 그의 집 문에서 만나려면 그가 집
앞에 나와 기다리고 있어야만 가능하다. 한두 번은 그럴 수
있으나 매번 그렇다면 정말 황송한 일일 것이다.

그전보다 더욱 사랑합니다

레위기와 출애굽기의 여러 구절을 찾아보니 한결같이 주님을
만나고 주님께 제물을 드리는 곳이 '회막 문'이었다.

그 예물이 소의 번제이면 흠 없는 수컷으로

회막 문에서 여호와 앞에

기쁘게 받으시도록 드릴지니라

레 1:3

정결하게 하는 제사장은 정결함을 받을 자와

그 물건들을 **회막 문 여호와 앞에** 두고

레 14:11

그는 여덟째 날에 산비둘기 두 마리나

집비둘기 새끼 두 마리를

자기를 위하여 가져다가

회막 문 앞 제사장에게로 가져갈 것이요

레 15:29

그런즉 이스라엘 자손이 들에서 잡던

그들의 제물을 **회막 문 여호와께로** 끌고 가서

제사장에게 주어 화목제로 여호와께 드려야 할 것이요

레 17:5

그 남자는 그 속건제물 곧 속건제 숫양을

회막 문 여호와께로 끌고 올 것이요

레 19:21

계속 반복되는 표현이 "회막 문 여호와, 회막 문 제사장"이다
(제사장은 하나님이 계신 곳과 그분의 백성이 있는 곳에 서 있는 게
당연하다). 하나님은 그분의 집 문 어귀에서 우리를 늘 기다
리고 계신다.

잠언에 다음과 같은 말씀이 있다.

날마다 나의 문을 지켜보며,

내 문설주 곁에 지키고 서서,

내 말을 듣는 사람은 복이 있다.

잠 8:34

하지만 실상 문설주 곁에 지키고 서 계신 분은 하나님이시다. 예전에는 시편 84편의 다윗의 성전 문지기가 되고 싶다는 고백이 겸손과 간절함에서만 나온 표현인 줄 알았다.

주의 궁정에서의 한 날이
다른 곳에서의 천 날보다 나은즉
악인의 장막에 사는 것보다
내 하나님의 성전 문지기로 있는 것이 좋사오니
시 84:10

알고 보면 다윗도 성전 문에 계시는 주님을 사모하여 그분이 머무시는 곳에 자기도 있기를 원해서 이런 고백을 한 게 아닐까? 그의 간절한 고백에 주님이 "나는 양의 문이라"라고 화답해주신 것 같았다. 이런 깨달음이 있고부터는 교회에 갈 때마다 성전 문을 넘으며 하나님의 마음을 느끼려고 집중했다.

'주님, 여기서 저를 기다리셨죠?'

한번은 아침에 교회에 도착했는데 교회 정문 열쇠를 집에 두고 온 걸 알게 되었다(열쇠를 목사님과 내가 하나씩 갖고 있었다. 그러고 보니 나도 교회 문지기였던 셈이다).

회막 문에 대해 묵상하지 않았더라면 곧장 집으로 돌아갔을 것이다. 그런데 '주님이 여기 계시니 이 앞에서 기도해야겠다'라는 생각이 들었다. 한참을 혼자 기도하는데 에티오피아 형제 셋이 한 명씩 합류했다. 그래서 교회 문 앞에서 함께 힘차게 기도한 후에 집에 돌아왔다.

그렇게 나는 종종 이른 아침 에티오피아의 수도 아디스아바바에서 홀로 주님의 집에 앉아 문에 관련된 말씀을 찾아보며 주님을 묵상하다가 그분을 사모하는 마음을 올려드렸다. 에티오피아로 다시 돌아갈 날을 준비하고 있는 지금(2021년 5월), 성전 문설주에서 나를 맞아주실 주님을 향해 고백을 올려드린다.

'예수님, 3년 전 그날보다 더욱 사랑합니다. 주님이 계신 그곳에 저도 다시 서겠습니다.'

약한 자를 통해 일하시는 하나님

기뻐할 수는 없지만 정말 감사해

그 거룩한 곳에 계신 하나님은
고아들의 아버지, 과부들을 돕는 재판관이시다.

시 68:5

난 내가 믿는 하나님이 자신을 "고아들(the fatherless, 아버지가 없는 사람)의 아버지, 과부들을 돕는 재판관"이라고 말씀해 주셔서 너무 자랑스럽다. 그분은 외국인과 나그네를 선대할 것도 여러 차례 말씀하셨다.

받은 은혜와 도움을 갚을 능력이 없는 자들을 위해 베풀고, 모두가 꺼리지만 꼭 필요하고 많은 유익을 주는 일을 위해 삶을 드린 분이 바로 예수님이시다.

잠언에는 보석 같은 지침들이 있다.

남에게 나누어주는데도
더욱 부유해지는 사람이 있는가 하면,
마땅히 쓸 것까지 아끼는데도 가난해지는 사람이 있다.
남에게 베풀기를 좋아하는 사람이 부유해지고,
남에게 마실 물을 주면, 자신도 갈증을 면한다.
곡식을 저장하여 두기만 하는 사람은
백성에게 저주를 받고,
그것을 내어 파는 사람에게는 복이 돌아온다.

잠 11:24-26

특별히 위 성구들을 사랑한다. 짧은 사역 중에 경험한 일들
이기 때문이다. 특히 25절에서 주님은 남의 갈증을 해소해주
는 자의 갈증을 해결해주신다고 말씀하신다.

Those who refresh others will themselves be refreshed.
NLT

또 쌓아두지 말고 흘려보내는 삶의 축복도 말씀하신다.

가난한 사람을 억압하는 것은

그를 지으신 분을 모욕하는 것이지만,

궁핍한 사람에게 은혜를 베푸는 것은

그를 지으신 분을 공경하는 것이다.

잠 14:31

가난한 사람에게 은혜를 베푸는 것은

주님께 꾸어드리는 것이니,

주님께서 그 선행을 넉넉하게 갚아주신다.

잠 19:17

세상은 남들보다 더 소유하고 더 높이 올라가고 다른 사람에게 명령하는 힘을 갖추는 걸 성공이라고 가르친다. 그런데 우리 주님은 가진 걸 다 나눠주셨고, 자진해서 낮은 곳으로 오셔서 친구가 없는 이들의 친구가 되어주시며 죄인을 위해 자신의 생명을 주시는 삶을 사셨다. 그리고 우리 모두에게, 특히 내게 그 길로 따라오라고 하셨다.

그런데 하나님께서는,

지혜 있는 자들을 부끄럽게 하시려고

세상의 어리석은 것들을 택하셨으며,

강한 것들을 부끄럽게 하시려고

세상의 약한 것들을 택하셨습니다.

하나님께서는 세상에서 비천한 것들과

멸시받는 것들을 택하셨으니

곧 잘났다고 하는 것들을 없애시려고

아무것도 아닌 것들을 택하셨습니다.

이리하여 아무도 하나님 앞에서는

자랑하지 못하게 하시려는 것입니다.

고전 1:27-29

하나님은 세상의 중심이 아니라 변방인(marginal people)으로서 마음의 중심을 드리는 이들을 통해 일하신다. 요셉과 다윗도 그랬고, 다니엘도 나라를 잃은 속국 출신의 이방인이었다.

하나님께서 나를 아프리카로 불러주신 것에 늘 감사한다. 특히 가난한 남수단과 에티오피아에 살게 해주신 것을. 나는 기도하고 소망한다. 이들을 통해 하나님의 지혜와 능력을 드러내시고 영광 받으시는 날이 오기를.

그리고 어떤 이유에서든 하나님의 섭리 아래 내게 파킨슨병을 허락하시고 나를 낮추심에 감사한다. 물론 병이 낫기를 기도하고 소망하지만 그렇게 되지 않더라도 감사한다. 병을 진단받은 후에 에티오피아로 돌아와서 아내에게 말했다.

"자기야, 난 말이야 이렇게 된 게 기쁘진 않지만 그래도 너무 감사해."

우리 주 예수 그리스도의 아버지이신
하나님을 찬양합시다.
그는 자비로우신 아버지시요,
온갖 위로를 주시는 하나님이시요,
온갖 환난 가운데에서
우리를 위로하여주시는 분이십니다.
따라서 우리가 하나님께 받는 그 위로로,
우리도 온갖 환난을 당하는
사람들을 위로할 수 있습니다.
그리스도의 고난이 우리에게 넘치는 것과 같이,
그리스도로 말미암아 우리의 위로도 또한 넘칩니다.

고후 1:3-5

내게도 하나님께서 전보다 더 가까이 오셔서 위로와 격려, 사랑을 부어주셨다. 더 놀라운 점은 우리가 겪는 모든 환난과 시련까지도 다른 이를 도울 수 있는 또 하나의 선물로 사용하신다는 것이다. 이 고난이 아름다운 보석으로 내 삶에 장착되어 그것을 바라보는 이들에게 하나님의 영광의 광채를 투영시켜 드러내길 소망한다.

삶으로 말해야 진짜다

하나님께서 나를 낮추시고 가난하고 소외된 이들에게 보내주셔서 감사하다. 이제 내 몫으로 남겨진 건 진실함으로 내 중심 전부를 드리는 것이다. 바울은 고린도교회 성도에게 당부했다.

그러므로 나는 여러분에게 권합니다.
여러분은 나를 본받는 사람이 되십시오.

고전 4:16

So I urge you to imitate me (나를 모방하라고 강권합니다).

NLT, 직역

그리고 20절에 다시 말한다.

하나님나라는 말에 있지 아니하고, 능력에 있습니다.

고전 4:20

For the Kingdom of God is not just a lot of talk; it is living by God's power(하나님나라는 그저 말만 많은 것이 아닙니다. 그것은 하나님의 능력으로 사는 것입니다).

NLT, 직역

바울의 권면은 '내 말을 믿으라'가 아니었다. 자신의 삶에 나타나는 하나님의 능력을 보고 자기처럼 살라는 강한 권면과 명령의 표현을 썼다. 이것은 '나를 흉내 내서 살라'로도 해석할 수 있다.

그렇다. 삶으로 말해야 진짜다. 결국 말하는 습관과 표정, 행동에서 다 드러나기 마련이다. 그것이 내 인상이 되어 자리를 잡는다. '하나님의 꿈으로 살고, 예수님의 성품을 내 인격으로 삼고, 성령께서 그분의 뜻대로 마음껏 일하시도록 내어드리는 내면', 이것들만 천국에 가져갈 수 있다.

하나님 안에 있다고 하는 사람은

자기도 그리스도께서 사신 것과 같이

마땅히 그렇게 살아가야 합니다.

요일 2:6

그리 오래전이 아닌 1년 전쯤 발견한, 내 삶에 큰 울림과 지침이 된 구절이다. 예수님처럼 사는 게 마땅한 삶이 그리스도인의 삶이다. 여전히 부딪히고 부족하고 실수투성이지만 매일 조금씩 더 그분처럼 살아갈 수 있기를 소망한다.

에티오피아 청년들과 기도 모임 후

교회 문 앞에서 기도하는 청년들

예수님에게 배우는 기도

바른 기도

최근 '주님이 가르쳐주신 기도'를 주제로 누가복음 11장을 가지고 가족 성경공부를 했다.

예수께서 어떤 곳에서 기도하고 계셨는데,
기도를 마치셨을 때에
그의 제자들 가운데 한 사람이 그에게 말하였다.
"주님, 요한이 자기 제자들에게
기도하는 것을 가르쳐준 것과 같이,
우리에게도 그것을 가르쳐주십시오."

눅 11:1

이어지는 2-13절까지의 가르침은 다시 세 부분으로 나눌 수 있다.

2-4절: 바른 기도의 모델
5-8절: 바른 기도의 동기와 태도
9-13절: 기도를 위한 예수님의 격려

바른 기도의 모델

주님은 짧은 형태의 주기도문으로 기도에 있어 우선순위와 꼭 필요한 요소를 가르쳐주신다. 이는 우리가 주문처럼 외우기보다는 순서와 내용을 보고 흉내 내며 따라 해야 하는 기도의 모범이다. 가족과 함께 나누며 깨달은 것이 있다.

1) 기도의 시작은 '아버지'를 부르는 것

기도는 관계로 들어가는 일이다. 그분이 아버지가 되시고, 우리는 그분의 자녀이며 예수님 안에서 형제자매이다. 그러므로 아버지의 이름을 부름으로써 친밀함과 특권의 자리로 들어가는 것이 기도의 시작이다.

2) 기도의 우선순위는 '하나님의 이름'과 '하나님나라'

우리는 기도할 때 하나님의 마음과 뜻에 초점을 맞추고 그분께 귀 기울임으로 그분의 마음을 배울 수 있다. 이는 하나님의 뜻대로 이루어지는 그분의 실제적인 다스림을 받는 일이다.

예수께서 그들에게 말씀하셨다.
"너희는 기도할 때에, 이렇게 말하여라.
'아버지, 그 이름을 거룩하게 하여주시고,
그 나라를 오게 하여주십시오.'"
눅 11:2

3) 기도는 '매일'의 양식

기도는 매일의 일상이며 날마다 필요를 인정하고, 우리의 공급자가 하나님이심을 기억하고 선포하는 믿음의 고백이다.

날마다 우리에게 필요한 양식을 내려주십시오.
눅 11:3

4) 기도는 '용서'의 묵상

기도를 통해 우리는 내가 용서하지 않고는 용서받을 수 없음을 기억하는 동시에 내가 받은 용서가 가벼운 게 아님을 깨닫는다. 또 하나님의 자비와 선하심을 기억하며 그런 인격을 갖기를 구하고 사모하게 된다. 우리 가정에 주신 첫아들의 이름을 '서진'으로 지은 이유가 이 말씀에 담겨있다.

우리의 죄를 용서하여주십시오.
우리에게 빚진 모든 사람을 우리가 용서합니다.
눅 11:4

5) 기도는 '연약함'의 인정

우리의 연약함을 인정하고 하나님의 도우심으로 시험과 유혹을 이길 수 있음을 선포하는 매일의 일상이 기도이다. 기도할 때마다 이를 기억하고 구할 수 있다면 그 유익이 얼마나 크겠는가.

우리를 시험에 들지 않게 하여주십시오.
눅 11:4

바른 기도의 동기와 태도

기도는 내 필요와 소원을 아뢰기만 하는 게 아니다. 인생의 여정 가운데 어려움과 궁핍함을 겪으며 내게 찾아온 벗을 위하여 구하는 간절한 바람이 바른 기도이다. 거창한 걸 구하기보다 친구의 절실한 필요를 위해 불편을 감수하며 체면을 벗어버리고 그의 필요가 채워지기를 강청하는 적극적인 요청이다.

예수께서 그들에게 말씀하셨다.
"너희 가운데 누구에게 친구가 있다고 하자.
그가 밤중에 그 친구에게 찾아가서 그에게 말하기를
'여보게, 내게 빵 세 개를 꾸어주게.
내 친구가 여행 중에 내게 왔는데,
그에게 내놓을 것이 없어서 그러네!' 할 때에,
그 사람이 안에서 대답하기를
'나를 괴롭히지 말게. 문은 이미 닫혔고,
아이들과 나는 잠자리에 누웠네.
내가 지금 일어나서,
자네의 청을 들어줄 수 없네' 하겠느냐?
내가 너희에게 말한다.

그 사람의 친구라는 이유로는,

그가 일어나서 청을 들어주지 않을지라도,

그가 졸라대는 것 때문에는,

일어나서 필요한 만큼 줄 것이다."

눅 11:5-8

내 친구의 딱한 사정을 위해 함께 목놓아 울며 기도하고, 응답될 때까지 끈질기게 붙들고 기도하는 게 바른 기도의 동기와 태도다. 보통 우리는 자신의 필요와 바람을 위해서는 간절히 구하지만 다른 이의 필요와 기도 요청에는 그렇게 반응하지 않는다. 그러나 기도는 정반대이다.

기도하면 할수록 느끼는 건, 내 필요를 위해 기도할 필요가 별로 없다는 것이다. 오히려 도움과 필요가 보이는 이들과 일을 위해 더 기도하게 된다. 하나님께서 그로 인해 영광을 받으시도록 말이다. 내 필요는 내가 걱정할 일이 아니다. 나는 주님의 것이며 그분께 속해있기 때문이다.

대학병원을 사직하고 선교지에 가기까지 1년 반이 넘게 걸렸다. 답답하기도 하고 '이게 아니었나' 하는 생각도 들었다. 병원으로 돌아갈 기회도 있었지만, 선뜻 마음이 내키지 않았다. 주변의 많은 사람이 사랑과 걱정을 담아 돌아가라고 조언했다. 더 큰 영향력이 있는 '높은' 위치로 가면 더 큰 선교사역을 할 수 있을 거라고 했다. 그러나 나는 인생의 절정기인 사십 대를 드리고 싶었다. 어디로 가서 무엇을 해야 할지 확실하지 않았지만 계속 구하고 찾았다.

그 과정에서 선교에 대한 갈망이 크게 자라났다. 어떤 형태로 사역하고 싶은지도 선명해졌다. 하지만 실제로 그런 일을 할 수 있는 자리는 없어 보였다. 내가 원하는 방식이 전통적으로 많은 의료인이 해온 의료선교가 아니었기 때문이다. 그렇게 구하고 찾던 시간을 지나 문을 발견하고 두드리게 되었다.

이어지는 누가복음 11장 말씀에는 그 과정에서 직접 경험하고 깨달은 바가 담겨있다.

1) 기도하면 반드시 주신다

기도를 방해하는 첫 번째 커다란 장애물이 바로 '불신'이다. 하나님께서 좋은 것을 주시는 분이라는 걸 믿고 구하지 않으면 받을 것을 기대하지 말아야 한다.

내가 너희에게 말한다.
구하여라, 그리하면 너희에게 주실 것이다.
찾아라, 그리하면 찾을 것이다.
문을 두드려라, 그리하면 너희에게 열어주실 것이다.
구하는 사람마다 받을 것이요,
찾는 사람마다 찾을 것이요,
문을 두드리는 사람에게 열어주실 것이다.
눅 11:9,10

비슷한 내용의 권면이 여섯 번이나 반복된다. 구하면 주실 것이고, 찾으면 찾을 것이며, 두드리면 열릴 것이다. 다시 말씀하신다. 구하는 자마다 받을 것이요, 찾는 자마다 찾을 것이며, 두드리는 자에게 열릴 것이다.

2) 기도는 구체화되며 응답된다

본문을 자세히 들여다보면, 기도가 나의 바람과 소원을 만들어가고 구체화시키는 연속적인 과정(process)임을 알 수 있다. 처음에는 바람을 구체적으로 알지 못하면서 구한다(ask). 이는 찾아가는(seek) 과정으로 이어지고, 결국에는 바라고 원하는 바를 알게 되어 그것을 두드리는(knock) 일로 이어진다. 구하고 찾고 두드리는 일련의 과정을 통해 그 일의 소중함을 깨닫고 하나님의 은혜에 감사하게 된다.

3) 꼭 좋은 것을 주신다

기도를 방해하는 두 번째 장애물은 '두려움'이다. 기도를 열심히 하다 보면 '내가 원치 않는 어려운 임무나 무서운 사명을 받지 않을까' 하는 두려움이 생길 수 있다. 어떤 이들은 너무 열심히 기도하다 보면 이상한 영에 사로잡히진 않을까 염려하기도 한다.

너희 가운데 아버지가 된 사람으로서
아들이 생선을 달라고 하는데,
생선 대신에 뱀을 줄 사람이 어디 있으며,
달걀을 달라고 하는데

전갈을 줄 사람이 어디에 있겠느냐?

너희가 악할지라도

너희 자녀에게 좋은 것들을 줄 줄 알거든,

하물며 하늘에 계신 아버지께서야

구하는 사람에게 성령을 주시지 않겠느냐?

눅 11:11-13

예수님은 말씀하신다. 생선을 달라고 하는 자녀에게 뱀을 주지 않고 달걀을 달라는 자녀에게 전갈을 주지 않듯이(여기서 뱀과 전갈은 악한 영적 존재를 비유한다) 좋으신 하나님 아버지께서 자녀인 우리에게 좋은 것을 주신다고 말이다(우리가 원하고 구한 것과 다를 수 있지만, 가장 좋은 것을 주신다). 우리가 두려움 없이 마음껏 구할 수 있는 이유이다.

4) 자격 조건은 단 하나, 구하는 것

기도를 방해하는 세 번째 장애물은 '자격'에 대한 문제이다. 기도 응답을 받으려면 신앙 수준을 어느 정도 갖춰야 한다든지, 착하고 거룩하게 살아야 한다든지 등의 잘못된 전제를 가진 경우이다. 하지만 주님은 '구하는 자'에게 주신다는 걸 밝히 말씀하셨다.

기도 응답을 위한 자격 요건은 오직 하나, '믿고 구하는 것'이다. 은혜는 내가 어떤 자격이 되어서 얻어내는 게 아니기에 은혜다. 내가 어찌하지 않았는데 주님이 거저 주시는 것, 바로그 은혜를 경험하는 과정이 '기도'이다. 간절히 믿고 구하는 자를 보시는 하나님께서 우리의 마음에 친히 응답해주신다.

5) 구하는 자에게 성령을 주신다

우리가 가장 사모하고 구해야 할 대상은 바로 '성령님'이다. 예수님은 구하는 자에게 성령을 주실 것이라고 하셨다. 진리의 영이시며 보혜사, 모사, 평생의 인도자가 되시는 성령님이야말로 우리가 받을 수 있는 최고의 축복이며 선물이기 때문이다.

성령께서는 우리에게 가장 필요한 것이 무엇인지 아시고 인도해주신다. 그분은 우리의 기도를 진정 응답받는 기도로 만들어주신다. 그러므로 구하는 자에게 성령을 주시는 하나님을 기억하고 담대히 그분의 보좌 앞에 나아가야 한다.

The *vessel* ⋯
in His hands again

토기장이 손에
다시 들려진 그릇

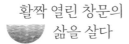

활짝 열린 창문의 삶을 살다

하늘의 가치를 엿보는 인생

다니엘은, 왕이 금령 문서에 도장을 찍은 것을 알고도,
자기의 집으로 돌아가서, 다락방으로 올라갔다.
그 다락방은 예루살렘 쪽으로 창문이 나있었다.
그는 늘 하듯이, 하루에 세 번씩 그의 하나님께
무릎을 꿇고 기도하며, 감사를 드렸다.

단 6:10

왕의 금령 문서는 왕 외의 대상에게 간구하는 사람을 사자
굴에 집어넣는다는 내용이었다. 다니엘은 이를 잘 알고도 늘
하던 대로, 창문을 예루살렘 쪽으로 활짝 열고 하루 세 번
하나님께 감사기도를 드렸다.

그가 열어놓은 창문은 그날만은 평소와 전혀 다른 의미를 지녔다. 형통하고 아무 문제 없을 때 섬기던 하나님을 목숨과 위상이 위태로워져도 한결같이 섬기겠다는 결심과 결연한 신앙고백이 담겨있었다.

그날의 창문은 이전과는 전혀 다른 차원의 성격을 지녔다. 어느 때보다도 강력한 예배와 선교의 도구였다. 사람들은 열린 창을 보며 생각했을 것이다.

'저 사람의 믿음에는 정말 뭔가가 있구나. 목숨 걸고 창문을 열어놓고 기도하다니!'

예배(worship=worth+-ship)가 정말 내게 가치 있고 중요한 걸 드러서 하나님의 가치에 대한 내 마음을 표현하는 거라면(그래서 결국 나 자신을 드리게 되는 거라면), 다니엘의 이 예배보다 더 강렬한 예배는 많지 않을 것이다.

당시 흠잡을 데 없는 삶을 살던 다니엘이 목숨 걸고 섬기는 신이라면 정말 뭔가가 있을 거라는 궁금증과 기대감을 사람들의 마음에 불러일으키기 충분한 강력한 선교적 증거가 되었을 것이다.

나도 내 삶의 창문을 활짝 열어 내 안에 계신 그리스도에 대한 고백과 사랑이 가감 없이 드러나기를 원한다.

형제자매 여러분,
그러므로 나는 하나님의 자비하심을 힘입어
여러분에게 권합니다.
여러분의 몸을 하나님께서 기뻐하실
거룩한 산 제물로 드리십시오.
이것이 여러분이 드릴 합당한 예배입니다.
여러분은 이 시대의 풍조를 본받지 말고,
마음을 새롭게 함으로 변화를 받아서,
하나님의 선하시고 기뻐하시고 완전하신 뜻이
무엇인지를 분별하도록 하십시오.
롬 12:1,2

나는 이 구절을 문자 그대로 믿는다. 몸을 드려야 한다. 삶 전체를 드려야 한다. 이 시대를 본받지 말고 어리석어 보여도 내 몸을 산 제물로 드려야 한다.

사람들, 특히 예수님을 모르는 사람들이 내 이력서를 볼 때 궁금해하고 의아해하지 않는다면 무언가 잘못된 거라고 생각한다. 우리가 이 세상 풍조를 따르지 않는 게 확실하다면, 세상 사람들의 가치로 우리 삶을 보았을 때 분명 질문과 궁금증을 불러일으킬 것이다.

한국과 에티오피아 사람 중 여럿이 내게 물었다.

"당신은 왜 병원을 나와 이곳에 있는가?"
"몸도 불편한데 왜 이곳에 계속 있는가?"

나는 간절히 소망한다. 다니엘처럼 늘 하던 대로 열어놓은 삶의 창문을 통해 내 안에 계신 예수 그리스도를 드러내고 하늘의 가치를 땅에 투영시키는 인생이 되기를.

나의 간절한 기대와 희망은,
내가 아무 일에도 부끄러움을 당하지 않고
온전히 담대해져서, 살든지 죽든지,
전과 같이 지금도, 내 몸에서 그리스도께서
존귀함을 받으시리라는 것입니다.

나에게는, 사는 것이 그리스도이시니,

죽는 것도 유익합니다.

빌 1:20,21

 끝나지 않는
예배

끝의 시작, 모라비안 교회 그리고 부흥

선교학 과정 가운데 교회사 과목 수강 중 내게 가장 큰 울림을 준 공동체가 모라비안 교회였다. 그들은 대부분 이삼십 대였고 체코에서 박해를 피해 독일로 넘어온 이주자들로, 사회적·경제적 약자였다.

그러나 그들이 한마음으로 하나님의 임재를 구하며 기도에 전심으로 나아갔을 때, 누구도 상상하지 못한 엄청난 하나님의 역사를 이루는 주역이 되었다. 이들에게 임하신 성령님의 역사하심으로 진정 하나님 손에 들려진 그릇이 되어 그분의 생명수를 세계 전역으로 나르는 도구가 되었다.

다음은 모라비안 교회의 부흥 역사이다.

*

1732년, 모라비안 선교사 두 명이 서인도 제도의 작은 섬을 알게 되었다. 이는 노예들만 들어가는 섬으로 한번 들어가면 다시 나올 수 없는 곳이었다. 그들은 노예들을 전도하고자 스스로 노예가 되기로 하고 섬에 들어갔다.

그중 한 명이었던 존 소렌센(John Sorensen)은 선교지로 갈 준비가 되었냐는 질문에 "예, 내일 당장 갈 수 있습니다. 두 켤레의 신발이 주어진다면…"이라고 답했다고 한다. 이들로 인해 훗날 다른 선교사들이 서인도 제도에 왔을 때는 이미 1만3천여 명의 회심자가 있었다.

모라비안 교회는 뒤에서 살펴볼 1727년 '성령 강림의 날' 이후에 1760년 진첸도르프(Nicolaus Ludwig Zinzendorf, 1700-1760)가 사망할 때까지 선교사 226명을 서인도 제도와 그린란드 등 전 세계 10여 곳의 오지에 파송했다. 이는 성공회나 다른 개신교 선교사들이 200년 동안 한 것보다 훨씬 많은 일을 한 것으로 평가된다.

이는 현대 선교의 아버지라 불리는 윌리엄 캐리(William Carey)보다 50년이나 앞서 세계 곳곳에 퍼져 해외선교 개척을 수행한 것이다.

진리를 위해 목숨 걸다 - 얀 후스

얀 후스(Jan Hus, 1372-1415)는 지금의 체코 보헤미아 지방에서 태어난 성직자였다. 그는 루터가 1517년 '95개조 반박문'('95개조 논제'라고도 함)을 비텐베르크성의 교회 문에 게시하면서 촉발되었다고 여겨지는 종교 개혁의 역사 약 100여 년 전에 그 가치들을 위해 순교했다.

그는 영어 성경을 현지어로 번역하며, 하나님의 말씀만이 유일한 권위임을 전했던 영국의 위클리프(John Wycliffe, 1320-1384)의 글에 영향을 받았다. 교황 무오설(無誤說)을 비판하고 로마 가톨릭에 대한 여러 저항의 목소리를 높이면서 대중을 대상으로 자국 언어로 설교했는데, 당시에는 금지된 사항이었다.

또한 성직자의 신분으로 다른 성직자들의 부패를 비판하고 지적했으며, 성직자에게는 허락되었으나 일반 성도에게는 금

지되었던 성찬 예식에 일반 성도도 참예하게 하는 '이종성찬'을 주장했고, 가톨릭교회가 면죄부를 판매하는 행위를 적극적으로 비판했다.

이로 인해 공식적으로 가톨릭교회로부터 네 번에 걸쳐 파문을 당했다. 그는 신변 안전을 보장해준다는 거짓 약속을 믿고 콘스탄츠공의회에 참석했다가 붙잡혀 1415년 화형을 당해 순교했다.

이후 얀 후스의 영향을 받은 믿음 공동체들이 생겨났다. 그중 1457년 만들어진 '형제의 교회'(The Church of the Brotherhood)는 모라비안 공동체의 전신으로 알려져 있다.

1727년 5월 12일 - 모라비안 교회의 형제 언약문

1722년, 개혁적인 믿음의 공동체에 대한 거센 핍박을 피해 형제의 교회 지체들은 독일과 폴란드로 도망갔다. 독일 국경 근처 작은 마을인 베르텔스도르프(Berthelsdorf)에 정착하여 '헤른후트'(Herrnhut)라는 공동체를 형성했다.

진젠도르프는 진정한 영적 회심을 통한 개인의 경건한 삶과 복음 전도를 향한 열정을 강조했던 독일 경건주의의 아버지라 불리는 필리프 슈페너(Philipp Jakob Spener, 1635-1705)의 대자(godson, 기독교에서 대부나 대모가 세례식 때 입회하여 종교적 가르침을 주기로 약속하는 남자아이)였다. 그 역시 엄격한 경건주의 학교인 할레의 페다고기움(Pedagogium)에서 중등 교육을 받았고, 그가 제공한 피난처에 형제의 교회 지체들이 정착했다.

1727년 5월 12일, 공동체에 분열과 약화의 조짐이 보이자 그는 '모라비안 교회의 형제 언약문'(The Brotherly Agreement of the Moravian Church)을 선포하고 성도의 각성과 결단을 촉구했다.

당시 그는 27세였는데 공동체 평균 연령과 크게 차이 나지 않았다고 하니 매우 젊은 공동체였음을 알 수 있다. 그 설교 이후 공동체는 그해 여름을 기쁨과 평안 속에서 말씀과 기도에 전념하며 보냈다. (1737년, 진첸도르프는 모라비안 교회의 주교가 되었다.)

1727년 8월 10일 - 끝나지 않는 예배

그해 8월 5일, 철야 기도회에 이어 주일 예배 중 로테(Rothe) 목사가 먼저 성령님의 저항할 수 없는 능력에 붙들려 바닥에 엎드려졌고, 이내 모든 성도가 함께 쓰러졌다. 이후 자정까지 기도와 눈물과 찬양으로 예배가 이어졌다.

1727년 8월 13일 - 성령 강림

8월 12일, 공동체 구성원이 형제 언약문에 서명한 다음 날 수요 예배 가운데 초대교회 오순절 역사와 같은 강력한 하나님의 임재가 있었다. 그날의 영광에 대해서는 꽤 많은 기록과 증언이 존재한다. 이중 진젠도르프의 증언은 다음과 같다.

"회중 위에 성령님께서 쏟아 부어지신 날(a day of the outpourings of the Holy Spirit)이었다. 우리들의 오순절(Pentecost)이었다. 우리는 땅에 있는지 천국에 있는지 분간하기 어려운 정도였다."

또 다른 증언이다.

"그날 참석한 모두가 그리스도께서 가까이 임재하심을 체험했다. 공동체 노동을 수행하기 위해 30여 킬로미터 떨어진 곳에 있었던 다른 두 형제도 동일한 임재를 체험했다."

그 후에 일어난 일

1. 죄의 고백과 깊은 회개

부흥의 공통된 열매로 깊은 공동체적 회개가 일어났다. 형식주의적 신앙과 공동체가 연합하지 못했던 것을 강하게 회개했다.

2. 질서와 사랑의 관계 회복

매일 함께 기도와 말씀 묵상 생활을 하며 개인적 관계가 회복되고 공동체 전체에 투명하고 열린 관계가 형성되었다. 또 공동 노동 계획을 수립하고 분배했으며 모든 자산을 공용화했다.

3. 기도 모임 형성

공동체에 성령의 역사가 있기 전부터 기도에 대한 헌신이 두드러졌으며, 특히 지체들이 모여 합심해서 기도하고 장시간 기도하는 흐름이 뚜렷하게 나타났다.

성령 강림 사건 이후에는 기도의 즉각적이고 직접적인 응답에 대한 큰 믿음과 확신이 공동체 안에 자리 잡았다. 8월 17일 부터 하루 24시간 매주 7일 즉, 기도를 한시도 쉬지 않는 기도 체인(연속 기도 모임)을 조직해 실행했는데 이후 100년 이상 지속되었다.

4. 선교사 파송을 통한 세계 선교

모라비안 교회는 1760년까지 226명, 1930년까지 약 3천 명의 선교사를 파송했다. 모라비안 선교는 어린 시절부터 강한 헌신의 믿음을 지녔던 진젠도르프의 리더십에 성령 강림의 역사가 어우러져 역사상 가장 강렬한 선교 공동체의 모습을 보였다.

또한 강력한 중보기도 모임을 모체로 한 자기 헌신적 선교의 전형적 모습을 보였으며 평신도 자비량 선교의 선구자 역할을 했다. 대부분의 해외선교 헌신자들은 정규 신학 교육을 받지 않았으며, 마치 초대교회 사도들처럼 지식인 계층과는 다소 거리가 있었다.

이들은 선교지에서 생활과 사역에 드는 모든 재정적 부분을 스스로 해결했다. 선교지에 아내와 자녀를 동반하고 가서 말할 수 없는 겸손과 용기, 근면과 인내의 힘으로 낮은 신분과 재정적 어려움을 감수하며 지낸 것으로 알려진다.

(여담이지만, 모라비안의 별 또는 헤른후트의 별이라고도 불리는 걸 본 적이 있다. 모라비안 교인들의 학교에서 아이들이 모금을 위해 과학 시간에 만들었다는 이 별은 지금도 유럽에서 성탄절이 되면 크리스마스트리 맨 위나 문 앞에 달린다. 그 모양을 자세히 보면, 사방으로 뻗어나가는 입체적인 빛의 모양이다. 이는 하나님이 부르시는 곳이면 어디든지 그분의 빛을 품고 뻗어나가고자 했던 모라비안 교인들의 비전과 소망을 담은 것 같다.)

부흥을 위해 기도한다

하나님의 영이 공동체 전체에, 그리고 특정 지역에 쏟아 부어져서 그곳의 모든 이가 하늘나라를 맛보고, 회개하고, 끊이지 않는 기도로 이어져 결국 삶을 드려 복음의 증거자로 헌신하여 세계로 흩어지는 일은 부흥이 일어났던 곳마다 나타난 공통된 결과였다.

우리도 1907년 평양을 중심으로 일어나 전국 교회로 확산된 '평양 대부흥운동'의 열매라고 할 수 있다. 만일 그동안의 믿음 생활 가운데 하나님의 임재의 영광을 아주 잠시라도 맛보았다면, 당신을 부흥을 위한 간구의 자리로 초청한다.

삶을 드리고 마음을 드려 '오순절' 그 자리에 다시 한번 설수 있게 아버지께 간구하는 자리로 말이다. 그래서 폭포수처럼 쏟아 부어지는 성령님을 함께 누릴 수 있기를 간절히 소망한다.

  오순절의 반복과 같은 사람들 위에 임하시는 성령의 기름부으심은 현대에도 강조되어야 할 필요성이 있다.
  - 마틴 로이드 존스

참고 문헌

1. 《The Moravian Principle: The Secret of Revival》 Brad Allen, Word Association Publishers, 2014

2. 《A History of the Moravian Church》 J. E. Hutton, Pantianos Classics, 1895

3. 《세계 선교 역사》 허버트 케인, 기독교문서선교회, 1993

끝을 향하여 - 제삼의 증인

두 증인

우리 가운데 하나님의 부흥, 곧 성령님이 임하시면 어떤 일이 일어날까? 사도행전 1장 8절은 오직 성령이 우리에게 임하시면 우리가 권능을 받아 땅끝까지 가서 '주님의 증인'이 될 거라는 약속의 말씀을 담고 있다(이는 명령이 아니라 약속 혹은 성취될 예언의 말씀이다). 증인에 대해 묵상하다가 다음 구절이 떠올랐다.

부자가 말하였다.
'조상님, 소원입니다.
그를 내 아버지 집으로 보내주십시오.
나는 형제가 다섯이나 있습니다.
제발 나사로가 가서 그들에게 경고하여,

그들만은 고통받는 이곳에 오지 않게 하여주십시오.'

그러나 아브라함이 말하였다.

'그들에게는 모세와 예언자들이 있으니,

그들의 말을 들어야 한다.'

부자는 대답하였다.

'아닙니다. 아브라함 조상님,

죽은 사람들 가운데서 누가 살아나서

그들에게로 가야만, 그들이 회개할 것입니다.'

아브라함이 그에게 대답하였다.

'그들이 모세와 예언자들의 말을 듣지 않는다면,

죽은 사람들 가운데서 누가 살아난다고 해도,

그들은 믿지 않을 것이다.'

눅 16:27-31

거지 나사로와 부자에 관한 이야기이다. 지옥에 간 부자가 아
브라함에게 애원할 때, 아브라함은 모세와 예언자들이 살아
있는 자들에게 증인이 될 거라고 답한다. 예수께서 변화 산에
서 영광스러운 모습으로 변하셨을 때, 함께 섰던 자들이 바로
모세와 엘리야(예언자들의 대표 격)였다. 이 두 증인은 하나님
의 약속의 말씀인 율법과 그 율법을 살아내면서 삶에 구체적

으로 적용되는 현장의 메시지를 전달했던 선지자를 각각 예표
하는 인물들이다.

그러므로 무엇이든지
남에게 대접을 받고자 하는 대로
너희도 남을 대접하라
이것이 율법이요 선지자니라
마 7:12

위 구절에서 우리를 향한 하나님의 모든 바람과 주시는 메시
지를 '율법'과 '선지자'라고 포괄하시는 예수님의 표현이 나온
다. 그리고 예수님은 십자가에 달리시기 전날, 제자들과 마지
막 만찬을 하실 때 '떡'과 '포도주'를 나누시며 이 일을 행하여
자신을 기억하라고 명하셨다.

그들이 먹고 있을 때에,
예수께서 빵을 들어서 축복하신 다음에,
떼어서 제자들에게 주시고 말씀하셨다.
"받아서 먹어라. 이것은 내 몸이다."
또 잔을 들어서 감사 기도를 드리신 다음에,

그들에게 주시고 말씀하셨다.

"모두 돌려가며 이 잔을 마셔라.

이것은 죄를 사하여주려고 많은 사람을 위하여

흘리는 나의 피, 곧 언약의 피다."

마 26:26-28

떡은 예수님의 삶 자체로부터 나오는 생명의 정수라고 할 수 있고, 포도주는 그분의 보혈, 언약의 피이다. 전자가 예수님의 공생애 삶을 예표하는 하나님의 생명을 투영하는 삶, 즉 예언 자적인 사역을 상징한다면 후자는 하나님의 언약의 말씀, 즉 율법을 상징한다고 볼 수 있다.

요한계시록 11장에는 마지막 때에 올리브 나무 두 그루와 두 촛대로 상징되는 하나님의 두 증인이 나오는데, 이들 역시 모 세와 엘리야 같은 인물임을 알 수 있다.

그들은, 자기들이 예언 활동을 하는 동안에,

하늘을 닫아 비가 내리지 못하게 할 수 있는

권세를 가지고 있습니다.

또 물을 피로 변하게 하는 권세와,

그들이 원하는 대로 몇 번이든지, 어떤 재앙으로든지,
땅을 칠 수 있는 권세를 가지고 있습니다.
계 11:6

반복해서 율법과 선지자로 요약되는 하나님의 두 증인(증거)을 통해 역사하시는 것을 알 수 있다.

증인 그리고 순교자

사도행전 1장 8절에서 "증인"으로 번역되는 헬라어 '마르투스'($\mu\acute{\alpha}\rho\tau\upsilon\varsigma$)는 '순교자'라는 뜻도 있다. 그러므로 이 구절을 다음과 같이 해석할 수도 있다.

"오직 성령이 너희에게 임하시면 너희가 권능을 받고 예루살렘과 온 유대와 사마리아와 땅끝까지 이르러 나의 순교자가 될 것이다."

우리를 부르시고 따라오라고 하신 예수님이 걸어가신 길은 결국 어떤 길이었는가? 또 성령을 받고 주님이 맡기신 일을 감당했던 사도들의 최후는 어떠했는가?

그때에 내가 들으니,
하늘에서 큰 음성이 이렇게 울려 나왔습니다.
"이제 우리 하나님의 구원과 권능과 나라가 이루어지고
하나님이 세우신 그리스도의 권세가 나타났다.
우리의 동료들을 헐뜯는 자,
우리 하나님 앞에서 밤낮으로
그들을 헐뜯는 자가 내쫓겼다.
우리의 동료들은 어린 양이 흘린 피와
자기들이 증언한 말씀을 힘입어서 그 악마를 이겨냈다.
그들은 죽기까지 목숨을 아끼지 않았다."

계 12:10,11

언약의 피(율법)와 말씀을 증거하는 증언(선지자), 그리고 마지막 세 번째 요소는 바로 '순교'이다. 다시 말하지만, 밀알 하나가 땅에 떨어져 죽지 않으면 그대로 있고, 죽으면 열매를 많이 맺는다.

내가 진정으로 진정으로 너희에게 말한다.

밀알 하나가 땅에 떨어져서 죽지 않으면

한 알 그대로 있고, 죽으면 열매를 많이 맺는다.

자기의 목숨을 사랑하는 사람은 잃을 것이요,

이 세상에서 자기의 목숨을 미워하는 사람은,

영생에 이르도록 그 목숨을 보존할 것이다.

나를 섬기려고 하는 사람은,

누구든지 나를 따라오너라.

내가 있는 곳에는, 나를 섬기는 사람도

나와 함께 있을 것이다.

누구든지 나를 섬기면,

내 아버지께서 그를 높여주실 것이다.

요 12:24-26

요한계시록 11장의 두 증인은 어떻게 되는가?

그러나 그들이 증언을 마칠 때에,

아비소스에서 올라오는 짐승이

그들과 싸워서 이기고, 그들을 죽일 것입니다.

계 11:7

그들 역시 순교한다. 누구든지 주님을 섬기려고 하는 사람은 주님을 따라가야 한다. 그리고 주님이 계신 그곳에 그분을 섬기는 사람도 있게 된다. 예수님이 가신 길을 제자들이 따랐고, 스데반 집사, 제너럴셔먼호를 타고 조선에 왔던 토머스 선교사도 그 뒤를 따라갔다.

세 번째 증인

변화 산에서 예수께서 모세와 엘리야와 함께 세 번째 증인으로 서 계셨다. 요한일서 5장 6-8절을 살펴보자.

그는 물과 피를 거쳐서 오신 분인데,
곧 예수 그리스도이십니다.
그는 다만 물로써 오신 것이 아니라
물과 피로써 오셨습니다.
성령은 증언하시는 분입니다. 성령은 곧 진리입니다.
증언하시는 이가 셋인데, 곧 성령과 물과 피입니다.
이 셋은 일치합니다.

'물'은 예수께서 세례 요한에게 받으신 물세례를 상징한다. 이는 죄인이 아닌 주님이 죄인의 자리에 함께 서셨던 그분의 공생애, 즉 성찬식의 떡과 같은 예언자적 증거를 상징한다. '피'는 그분의 언약의 피, 즉 성찬식의 포도주에 해당하며 하나님의 율법(언약의 말씀)을 상징한다.

세 번째 증인(증거)이신 '성령님'은 예수님이 죽고 부활하셔서 믿는 이에게 부어주신 진리의 증인(순교자적 순종에 부어주신 영적 권위)이시다. 즉, 하나님의 약속의 말씀과 그 말씀을 삶으로 드러내고 증거하는 예언자적 증거 그리고 순교적 순종과 희생의 자리에 부어지는 성령님의 강권적 역사의 삼중 증인을 통해 그분의 구원 사역을 완성하신다. 이 증인들로 인해 하나님께서 증거하시는 내용은 다음 말씀과 같다.

그 증언은 이것이니,
곧 하나님이 우리에게 영원한 생명을 주셨다는 것과,
바로 이 생명은 그 아들 안에 있다는 것입니다.
그 아들을 모시고 있는 사람은 생명을 가지고 있고,
하나님의 아들을 모시고 있지 않은 사람은

생명을 가지고 있지 않습니다.

요일 5:11,12

이제 다시 이 책의 첫 초청으로 돌아간다. 나와 함께 예수께서 걸어가신 그 길, 곧 언약의 말씀을 선포하고 예언자적 생명의 사역에 동참하며 순교자적 순종을 통해 성령의 기름부으심으로 증거하는 삶을 살아가자고 말이다. 예수님은 죽으셨지만 이내 부활하셨다. 그리고 다시는 죽지 않으시며 길과 진리와 생명이 되셔서, 영원한 생명의 길로 우리를 초청하신다.

이 말씀은 믿을 만합니다.

우리가 주님과 함께 죽었으면,

우리도 또한 그분과 함께 살 것이요,

우리가 참고 견디면,

우리도 또한 그분과 함께 다스릴 것이요,

우리가 그분을 부인하면,

그분도 또한 우리를 부인하실 것입니다.

딤후 2:11,12

다시 은혜의
빗줄기 속으로 걸어가기

최근 3개월에 한 번씩 기도 후원자들에게 기도 편지를 나누고 있다. 다음은 2020년 연말과 2021년 3월에 발송한 편지이다.

2020년 12월 1일 기도 편지

OO 가정의 동역자들께,

어느덧 2020년 12월 첫날에 인사드립니다. 어려운 시기에 주님의 은혜가 넘치시길 기도합니다. 저희는 이 시기를 하나님의 전환(transition)의 시기로 여기며 기도하고 있습니다. 현재 미국 패서디나(Pasadena) 풀러신학교에서 선교학 석사 학위 과정 중이고 내년 6월 혹은 늦어도 9월에는 마칠 것 같습니다.

1. 에티오피아 준 전쟁(내전) 상황 돌입

에티오피아는 한 치 앞을 내다볼 수 없는 위기 상황입니다. 아비이 총리의 정부군이 북부 티그레이 지역과의 오랜 반목과 대립 상황을 뒤집기 위해 전쟁을 시작했으며, 티그레이 해방전선군 역시 물러서지 않고 자치 독립을 운운하며 내전 양상으로 치닫고 있습니다.

한편 옆 나라(티그레이 주와 맞닿아 있음) 에리트레아가 아비이 총리를 지지하는 가운데 티그레이 진영에서 에리트레아에 공격을 감행하는 등 동북 아프리카에 전운을 드리우고 있어 우리의 행보는 더욱 불투명해질 듯합니다.

2. 관계로의 부르심

처음부터 우리는 어떤 지리적 위치나 세상의 자리로 부르심을 받은 게 아니라, 주님과의 사귐과 동행으로 부름 받았음을 확인하고 있습니다. 그리고 풀러신학교에서 배운 중요한 가르침인 '사람에게 가는 선교'를 다짐하고 있습니다.

하나님께서 함께하길 원하는 이들과 함께 거하며 지지하고 격려하는 친구가 되어주는 삶을 통해 하나님의 선교에 계속 동참하길 고대합니다.

3. 지속적 중보 요청

하나님의 선교는 글로벌 시대에 세상의 모든 지역에서 모든 지역으로 향하는(from everywhere to everywhere) 선교이며, 지역적으로나 민족적인 면에서뿐 아니라 세상의 모든 영역과 문화로 하나님의 회복과 화해를 이루는 일입니다.

일례로 모 선교단체는 최근 영국 런던과 대한민국을 선교 역량 집중 투입 지역으로 선정한 바 있습니다. 우리 가정이 하나님의 선교적 부르심을 따라 그분과 동행하는 사역 가운데 굳게 서도록 기도로 함께해주시기를 부탁드립니다.

우리는 반년 남짓 주님께 붙어있으며 인도하심을 지속적으로 간구하려 합니다. 이제 9학년, 8학년, 6학년인 서진, 하진, 채진의 앞날을 위해서도 기도 부탁드립니다.

남 캘리포니아에서 김태훈, 김희연 드림

2021년 3월 1일 기도 편지

그러나 우리가 보이지 않는 것을 바라면,

참으면서 기다려야 합니다.

롬 8:25

최근 하나님께서 다시 보게 하시는 부분은 저희가 안식년을 갖기 위해 출발한 곳이 한국이 아니라 에티오피아라는 것입니다. 아직 자비량 선교를 위한 구직은 이루어지지 않았습니다. 하지만 우리가 그곳에 직장이 아닌 하나님의 부르심을 따라간 것이었음을 다시 생각나게 하셨습니다.

그래서 하나님께서 특별하게 열어주시지 않는 한 학업을 마친 후 한국을 잠시 방문한 후에 에티오피아로 돌아갈 계획을 세우고 있습니다. 8월 말에 시작되는 아이들의 새 학기 일정을 맞추기 위해 아마 8월 초중순으로 잠정적으로 생각하고 있지만, 아직은 많은 부분이 유동적입니다.

무엇보다 하나님께서 저희에게 그분의 선교에 참여할 특권을 주시기를 기도 부탁드립니다. 너무나 부족하고 연약하지만 작은 믿음의 결단을 기뻐 받아주시길 원합니다.

아내는 3월 중 참여하고 있는 연구 활동을 위해 에티오피아에 단기 출장을 계획하고 있습니다. 안전과 건강을 위해 기도 부탁드립니다. 저는 그동안 받지 못했던 진료와 전반적인 검진 등을 위해 4월 말경 한국 방문을 계획 중입니다.

둘째 하진이와 셋째 채진이는 대면 수업이 재개돼 학교에 다니고 있습니다. 첫째 서진이는 아직 집에서 온라인 수업을 받고 있습니다. 또 한 번 인생의 큰 전환기를 맞이할 삼 형제를 위해 계속 기도 부탁드립니다.

그동안 재미 한국인 의사들과 온라인으로 진행해온 요한복음 성경공부는 잘 마무리되었습니다. 이어서 3월부터는 요한계시록과 다니엘서 성경공부가 진행될 예정입니다.

기도와 후원으로 넘치는 사랑을 주시는 여러분께 다시 한번 감사와 사랑을 전합니다.

남 캘리포니아에서 김태훈, 김희연 드림

이 글을 쓰고 있는 2021년 6월 중순, 우리 가족은 한국에 귀국해 에티오피아 재입국을 준비하며 기다리고 있다.

다시 은혜의 자리로 가길 원합니다

미국에서 지내며 에티오피아의 삶을 떠올리곤 했다. 미국에서의 삶은 몸은 편했지만 그리 신나는 순간은 많지 않았다. 침상에서 눈물을 흘리며 기도했던 밤이 떠오른다.

'주님, 에티오피아에서 살던 때의 소중함을 더 깨닫습니다. 가슴이 뛰던 그 자리로 다시 불러주세요.'

코로나19 바이러스 팬데믹 상황에서 내가 일할 자리는 아직 구해지지 않았다. 그러나 나는 그곳에 직업을 따라간 게 아니라 주님의 부르심을 따라갔다. 그리고 주님은 내게 분명히 '안식년'을 말씀하셨지 내 여정이 끝났다고 하시지 않았다. 그러니 우리 가족은 안식년을 떠났던 그 자리로 돌아가 주님과의 동행을 이어가려 한다.

에티오피아로 간 지 얼마 되지 않았을 때, 한 대학부 후배가 메일로 한 말이 떠오른다.

형님, 잘 지내세요?
간밤 꿈에 형님이 나왔어요.

자전거를 타고 어디론가 가고 있는 꿈이었어요.

엄청난 진흙 길을 너무 힘겹게 가는 것처럼 보였어요.

앞으로 잘 나가지도 못하는 것 같았고요.

그런데 형님이 너무 밝게 환히 웃으며 가고 있었어요!

그렇다. 앞으로 나간 게 별로 없는 듯한 삶이었지만, 참 행복했다.

그리하여 그들은 사도들을 불러다가 때린 뒤에,

예수의 이름으로 말하지 말라고 명령하고서 놓아주었다.

사도들은 예수의 이름 때문에 모욕을 당할 수 있는

자격을 얻게 된 것을 기뻐하면서, 공의회에서 물러나왔다.

그들은 날마다 성전에서, 그리고 이집 저집에서

쉬지 않고 가르치고 예수가 그리스도임을 전하였다.

행 5:40-42

사도들이 예수님을 전하다가 잡혀 매질을 당하는 장면이다. 하지만 그들은 "예수의 이름 때문에 모욕을 당할 수 있는 자격"이 생겨서 기뻤다. 그래서 날마다 성전에서, 이집 저집에서 쉬지 않고 가르치고 전했다.

나와 우리 가족 역시 그렇게 여겨주시길 바란다. 그들처럼 예수님의 증인으로 살고 싶다.

"주님, 저희를 예수님 이름 때문에 그곳에 보내시기에 합당한 자들로 여겨주세요. 다시 그 자리에 서길 원합니다. 예수님 이름으로 기도합니다, 아멘."

안식년을 위해 에티오피아를 떠나던 날, 2019년 8월 15일

광야 길에서의
동행

그런데 주님의 천사가 빌립에게 말하였다.
"일어나서 남쪽으로 나아가서,
예루살렘에서 가사로 내려가는 길로 가거라.
그 길은 광야 길이다."
빌립은 일어나서 가다가,
마침 에티오피아 사람 하나를 만났다.
그는 에티오피아 여왕 간다게의 고관으로,
그 여왕의 모든 재정을 관리하는 내시였다.
그는 예배하러 예루살렘에 왔다가,
돌아가는 길에 마차에 앉아서
예언자 이사야의 글을 읽고 있었다.
성령이 빌립에게 말씀하셨다.
"가서, 마차에 바짝 다가서거라."

빌립이 달려가서,

그 사람이 예언자 이사야의 글을 읽는 것을 듣고

"지금 읽으시는 것을 이해하십니까?" 하고 물었다.

그가 대답하기를 "나를 지도하여주는 사람이 없으니,

내가 어떻게 깨달을 수 있겠습니까?" 하고,

올라와서 자기 곁에 앉기를 빌립에게 청하였다.

행 8:26-31

빌립은 당시 사마리아에서 복음을 왕성하게 전하고 있었다. 그야말로 사역 전성기였다. 많은 이가 복음을 듣고 회심하며 귀신이 떠나가고 병자가 고침을 받는 등 하나님나라의 역사 가 충만하게 일어나는 현장의 중심에 그가 있었다.

26절의 "그런데"는 바로 이런 상황을 염두에 둔 표현이다. 하 나님께서는 그에게 남쪽 광야 길로 가라고 명령하신다. 언 뜻 이해하기 어려운 말씀이다. 들은 음성이 맞는지 의심하며 순종하지 않을 수도 있었다. 하지만 빌립은 추호의 의심이나 주저함 없이 바로 순종했다. 그러자 사람이 없을 것만 같은 광야 길에서 에티오피아 내시를 만났다.

나도 어쩌면 인생의 절정기라고도 볼 수 있는 40세에 에티오피아행을 결정했다. 하나님의 부르심에 대한 순종이었다. 아니, 하나님께 날 불러달라고 기도하며 매달렸던 것 같다. 그 길은 광야 길이었다.

한편 에티오피아 내시는 어떤 사람이었을까. 그는 여왕의 모든 재정을 관리하는 고관이었기에 세상 관점에서 보면 탄탄대로를 달리던 사람이었을 거다. 하지만 그는 광야 길을 걸으며 선지자 이사야의 글을 읽는다.

어쩌면 그는 내면의 가난함과 끝없는 갈증으로 인해 하나님을 찾아 인생의 광야 길을 걷고 있었는지도 모른다. 그가 간절히 하나님께 도움을 청하자 그 응답하심으로 빌립을 보내신 건 아닐까.

마차에 바싹 다가가라고 하시는 성령님의 말씀에 빌립은 순종하여 달려간다. 마침내 그를 만난 내시는 자기를 지도해주는 사람이 없어서 깨달을 수 없다며 곁에 앉기를 청한다.

우리도 인생길에서 '누군가 내게 깨달음을 주었으면…' 할 때가 종종 있다. 어쩌면 평생 '누군가가 인생길을 지도해주었으면…' 하며 지내는지도 모른다. 감사하게도, 믿는 자에게는 모든 진리 가운데로 인도해주시는 성령님이 계신다.

여기 두 사람이 있다. 한 사람은 모든 이가 인정하는 성공적인 사역의 자리를 떠나 광야 길을 일부러 택했다. 그것은 하나님의 인도하심이었다. 그는 기쁨과 확신 속에서 광야 길을 스스로 찾아가 걷고 있다. 또 한 사람은 성공적인 인생길을 걷고 있지만 인도해주는 자가 없어 아득한 광야에서 헤매고 있다.

세상의 통념과 상식을 뛰어넘는 빌립의 순종과 헌신으로, 만남이 도무지 일어날 것 같지 않은 광야 한복판에서 전혀 만날 것 같지 않은 두 영혼이 만나 하나님의 어린 양에 대한 말씀을 나눈다. 빌립은 내시에게 복음을 전하고 세례를 베푼다. 그러고는 성령의 이끄심으로 그를 떠나 계속 여정을 이어간다.

빌립은 마차를 세우게 하고,

내시와 함께 물로 내려가서,

그에게 세례를 주었다.

그들이 물에서 올라오니,

주님의 영이 빌립을 데리고 갔다.

그래서 내시는 그를 더 이상 볼 수 없었지만,

기쁨에 차서 가던 길을 갔다.

그 뒤에 빌립은 아소도에 나타났다.

그는 돌아다니면서 여러 성에 복음을 전하다가,

마침내 가이사랴에 이르렀다.

행 8:38-40

나 역시 그런 삶을 살기를 소망한다. 사역의 절정에서, 모두가 바라고 원하던 자리에서, 하나님의 음성 하나로 미련도 의심도 없이 떠나, 한 영혼에게 가는 삶. 외롭고 척박한 인생의 광야 한복판에서 삶의 문제와 방향을 놓고 질문을 던지는 한 영혼과 동행하며 복음을 나누는 삶.

광야에서의 그 짧은 동행을 위해 내 삶 전부가 드려질 수 있다면, 나 역시 행복한 걸음으로 그 길을 계속 걸어갈 수 있을 것이다.

예수께서 그들에게 말씀하셨다.
"나를 따라오너라.
내가 너희를 사람을 낚는 어부가 되게 하겠다."

막 1:17

아내의 말

나의 사랑, 내 어여쁜 자야
일어나서 함께 가자

아 2:10

2021년 7월, 나는 또 떠날 채비를 한다.
어디로 가는지, 그 길에 무엇이 있을지
알 수 없지만 함께 한길을 걷자는
18년 전 남편의 초청을 따라 계속 걷고 있다.
지나고 보니 그만의 초청이 아니라
주님이 초청하신 길임을 깨닫게 되었다.
혼자였으면 못 갔을 길을
우리는 웃고 울고 여전히 투닥거리며
함께 걸어가고 있다.

대학을 졸업해서도 여전히 철이 없던 나는,
주님을 위해 온 세상을 누비며
멋지고 폼나는 일을 할 거라 확신했다.
소위 고지론을 믿었다.
하지만 정상을 향해 갈 거라는 내 바람과 달리
낮은 곳으로 더 낮은 곳으로 걷게 하심이
참으로 감사하다.

한국에 미련을 두지 않고
모두 정리하고 떠나는 순간에도
'내가 주님을 위해 이 길을 간다'라는 당돌하고
교만한 마음이 있었음을 한참 후에야 깨달았다.

남편이 파킨슨병을 진단받았다는 소식을 접한 날,
신나고 당차게 갈 것만 같았던 그 길은
한순간에 가시밭길 낭떠러지가 되었다.
허무하게 끝이 나는 것 같았다.

그때 하나님은 한 환상으로
내 교만한 자아를 깨뜨리셨다.

돌투성이의 거친 가시와 못, 불이 가득한 길을
주님은 발이 찢기고 데이고
상하면서도 걸어가고 계셨다.
그 품에 난 어린아이처럼 안겨있었고,
그분은 미소 띤 얼굴로 내게서
한시도 눈을 떼지 않으시고 바라보셨다.

"나의 사랑, 내 어여쁜 자야 일어나서 함께 가자"라는
그분의 초청의 진짜 의미를 깨달았다.

에티오피아의 삶은 물론 녹록지 않다.
물과 전기가 끊기고, 마음이 어려워지는
사건 사고가 끊이지 않는다.
이해되지 않는 억울하고 답답한 일도 한둘이 아니다.

사람들이 묻는다.
어떻게 그곳에서 살 생각을 하냐고,
그런 기가 막힌 고난을 어떻게 견디냐고,
광야 같은 데서 어떻게 계속 지내냐고,
정말로 그곳에 돌아가고 싶냐고.

난 대답한다. 정말 그렇다고.
그리고 이 선택을 후회하지 않는다고.
고난이라 여겨지는 순간에
나는 예수님 품에 안기는 경험을 했다.
그래서 내가 가는 길에 가시덤불이나
불이 있는 것 따위는 중요치 않다.
그 품 안에서 안전하니까.

부르신 곳에 가면 아버지가 계신다.
인도하시는 길은 그분과 동행하는 길이다.
돌아가는 것 같고 거꾸로 가는 것 같아도

따라가면 결국 기쁨의 잔치에 다다를 걸 알기에,
비록 울고 웃기를 끝도 없이 반복할
부족한 나이지만 계속 이 길을 가려 한다.
나를 초청한 자와 함께.

김희연 선교사

깨어진 그릇

초판 1쇄 발행   2021년 10월 28일
초판 10쇄 발행   2025년 2월 28일

지은이   김태훈

펴낸이   여진구
책임편집   김아진 정아혜
편집   이영주 박소영 최현수 구주은 안수경 김도연
책임디자인   조은혜 마영애 | 노지현 정은혜
홍보 · 외서   진효지
마케팅   김상순 강성민   마케팅지원   최영배 정나영
제작   조영석 허병용   경영지원   김혜경 김경희

303비전성경암송학교 유니게 과정
이슬비전도학교 / 303비전성경암송학교 / 303비전꿈나무장학회

펴낸곳   규장

주소 06770 서울시 서초구 매헌로 16길 20(양재2동) 규장선교센터
전화 02)578-0003   팩스 02)578-7332
이메일 kyujang0691@gmail.com   홈페이지 www.kyujang.com
페이스북 facebook.com/kyujangbook   인스타그램 instagram.com/kyujang_com
카카오스토리 story.kakao.com/kyujangbook
등록일 1978.8.14. 제1-22

ⓒ 저자와의 협약 아래 인지는 생략되었습니다.
이 출판물은 저작권법에 의해 보호를 받는 저작물이므로 무단 전재와 무단 복제를 할 수 없습니다.

책값 뒤표지에 있습니다.
ISBN 979-11-6504-250-9 03230

규 | 장 | 수 | 칙

1. 기도로 기획하고 기도로 제작한다.
2. 오직 그리스도의 성품을 사모하는 독자가 원하고 필요로 하는 책만을 출판한다.
3. 한 활자 한 문장에 온 정성을 쏟는다.
4. 성실과 정확을 생명으로 삼고 일한다.
5. 긍정적이며 적극적인 신앙과 신행일치에의 안내자의 사명을 다한다.
6. 충고와 조언을 항상 감사로 경청한다.
7. 지상목표는 문서선교에 있다.

하나님을 사랑하는 자 곧 그의 뜻대로 부르심을 입은 자들에게는 모든 것이 合力하여 善을 이루느니라(롬 8:28)

규장은 문서를 통해 복음전파와 신앙교육에 주력하는 국제적 출판사들의
협의체인 복음주의출판협회(E.C.P.A:Evangelical Christian Publishers
Association)의 출판정신에 동참하는 회원(Associate Member)입니다.